Kerri Pomarolli

Auch die beste Mama braucht mal Pause

Stille Zeit im Alltagstrubel

Auch die beste Mama
braucht mal Pause

Stille Zeit im
Alltagstrubel

Aus dem amerikanischen
Englisch übersetzt von
Doris C. Leisering

KERRI POMAROLLI

SCM

SCM

Stiftung Christliche Medien

Der SCM Verlag ist eine Gesellschaft der Stiftung Christliche Medien, einer gemeinnützigen Stiftung, die sich für die Förderung und Verbreitung christlicher Bücher, Zeitschriften, Filme und Musik einsetzt.

2. Auflage 2015
© der deutschen Ausgabe 2015
SCM-Verlag GmbH & Co. KG · Max-Eyth-Straße 41 · 71088 Holzgerlingen
Internet: www.scmedien.de · E-Mail: info@scm-verlag.de

Die Bibelverse sind, wenn nicht anders angegeben, folgender Ausgabe entnommen:
Neues Leben. Die Bibel, © der deutschen Ausgabe 2002 und 2006
SCM-Verlag GmbH & Co. KG, Witten.

Übersetzung: Doris C. Leisering
Gesamtgestaltung: Kathrin Spiegelberg, Weil im Schönbuch
Titelbild: Illustration: shutterstock.com; Flieger: Kathrin Spiegelberg
Druck und Bindung: CPI books GmbH, Leck
Gedruckt in Deutschland
ISBN 978-3-7751-5628-8
Bestell-Nr. 395.628

Eigentlich wollte ich dieses Buch meiner liebenden
Familie widmen, doch stattdessen widme ich es meinem
fantastischen Agenten Bill Reeves.

Er hatte viel mehr damit zu tun, dass dieses Buch
geschrieben wurde, als meine Familie.
Auf Hase und Igel!

Inhalt

Vorwort

Als ich gebeten wurde, dieses Buch zu schreiben, dachte ich mir: *Auf gar keinen Fall!* Ich habe keine Zeit, ein Buch zu schreiben. Ich bin viel zu sehr damit beschäftigt, aus dem Großmarkt zu entkommen, ohne Gartenmöbel und einen Fernseher zu kaufen, ich muss meine sechsjährige Tochter davon überzeugen, dass sie noch keinen festen Freund haben kann, ich habe damit zu tun, Plätzchenteig für den Kuchenbasar meines Kindergartenkindes zu verkaufen und Geschenkpapier für die Spendenaktion in der Schule meines Vorschulkindes, damit sie auch an der Pizzaparty für die »Gewinner« teilnehmen kann!

Oh, die Freuden des Mutterseins! Wer hätte das gedacht? Es gab kein Handbuch, wie man Kinder großzieht, ohne ein Verbrechen zu begehen. Mein Mann erinnerte mich daran, dass man eine Lizenz braucht, um bestimmte Haustiere zu kaufen, und einen Führerschein, um ein Golfmobil zu mieten, aber jeder kann Kinder bekommen. Während ich dies schreibe, trinkt meine Tochter hinter meinem Rücken diese kleinen Joghurtflaschen auf ex, weil sie denkt, ich kann sie nicht sehen. Sollte ich sauer sein? Immerhin ist es Joghurt, und Joghurt enthält Kalzium. Das letzte Mal, als sie so etwas Ähnliches machte, war sie drei und hatte eine Überdosis Fruchtsaft-Gummibärchen gefuttert. Wir fanden sie unter dem Tisch wie eine Drogensüchtige, die in die Entzugsklinik gehört!

Als ich diesen Auftrag übernahm, dachte ich mir, ich würde unheimlich gern ein inspirierendes Andachtsbuch für all jene supergeistlichen, superorganisierten Mütter schreiben, deren Tupperware-Schüsseln alle noch den dazugehörigen Deckel haben – jene Mütter mit den mit Biokost abgefütterten, daheim unterrichteten, zuckersüßen Kindern, die Bibelverse schnitzen. Falls Sie so eine Mutter sind – ich mag Sie wirklich! Ich wäre liebend gern wie Sie!

Aber wo sind die Mütter, die ihre Krabbelkinder mit Tic-Tacs von ganz unten aus ihrer Handtasche füttern, weil sie vergessen haben, einen Imbiss für die »Spielverabredung« einzupacken, zu der sie eine Dreiviertelstunde zu spät dran sind? Wo sind die Mütter, die sich nicht einmal mehr daran erinnern können, wann sie sich zum letzten Mal *beide* Beine rasiert haben? Sind Sie so eine Mutter? Dann lesen Sie weiter. Und übrigens, Sie Supermütter dürfen auch gern weiterlesen und meine Grammatikfehler korrigieren. Außerdem plane ich eine Geburtstagsparty mit dem Thema »Hundebabys« und brauche noch Dekoideen!

Ich liebe Gott von ganzem Herzen, auch an den Tagen, an denen ich das Gefühl habe, dass von meinem Herzen nichts mehr übrig ist. Ich liebe Gott auch dann, wenn ich, wie David in der Bibel schreibt, »in Matsch und Schlamm« (aus Spaghetti) sitze. In dieser sogenannten »Phase« des Mutterseins brauche ich Gott am allermeisten. Es heißt, der Wahnsinn geht vorbei und eines Tages werden alle meine Socken in der Wäsche wieder ihr Gegenstück haben. Eines Tages werde ich mich angeblich nicht mehr ständig so »schmutzig« fühlen, weil mir der Dreck überallhin folgt, und bis dahin soll ich es doch genießen. Ich soll diese Momente »auskosten«. Ich versuche es ja – wirklich. Ich glaube, Gott gefällt es, wenn ich mit den Nerven am Ende und am Rande des Wahnsinns bin, denn in diesen Situationen kann ich ihn hören. Ich bin mir sicher, dass Gott zusammen mit mir über mein Leben lacht und mich tröstet, damit ich mich durch den nächsten Tag kämpfen kann. Ich möchte dieses Andachtsbuch für diejenigen von uns schreiben, die im »richtigen Leben« leben. Es soll kein solches Andachtsbuch sein, in dem es darum geht, Perfektion zu erreichen. Legen Sie Ihre Promizeitschriften weg, meine Damen! Die sind vom Teufel! Angelina Jolie hat ein Kindermädchen für jedes einzelne ihrer Kinder!

Ich gebe mein Bestes, um dieses Leben zu leben, das Gott mir gegeben hat – mit allen Tränenflecken, verlorenen Stepptanzschuhen und spätabendlichen Kuschelstunden. Eines weiß ich ganz sicher: Ich möchte nichts von alledem missen. Ich weiß, dass meine Familie und ich allein durch Gottes Gnade so lange überlebt haben. Ich weiß, dass ich ständig um eine tiefere Beziehung zu Gott kämpfen muss. Ich kaufe Bücher, lese Andachtsbücher und schaue mir DVDs mit Vorträgen von Frauen an, die anscheinend »die Antwort« haben. Ich habe eine Bibel-App auf mein Mobiltelefon heruntergeladen, aber ich habe gemerkt, dass man sie tatsächlich benutzen muss, damit sie etwas nützt. Ich bin viel zu beschäftigt, um auf Facebook nachzuschauen, wie vielen Leuten meine neue Frisur gefällt. Ich glaube, im Moment habe ich die Nase voll von alldem. Ich werde mich nicht fertigmachen, weil ich nicht geistlich genug bin oder meine Beziehung zu Gott, meinem Vater, nicht tief genug ist. Ich glaube, er sagt mir vielmehr, ich soll einen Gang zurückschalten – und ich begreife, dass ich, Kerri Pomarolli, genau so, wie ich bin, gut genug bin. Sind Sie noch da? Gut! Oh, Moment mal! Meine Sechsjährige liegt in der Küche, und um sie herum zwölf Mini-Joghurtdrink-Flaschen. Bin gleich wieder da. »Hallo? Ist da der Giftnotruf? Ja … ich bin's wieder mal, Kerri!«

Für eine Geburt gibt es keine Stopptaste

Noch bevor die Wehen einsetzten, hat sie geboren,
noch ehe die Wehen begannen, bekam sie einen Sohn.
— Jesaja 66,7

Als ich mit meinem ersten Kind schwanger war, wusste ich in meiner Naivität eines ganz genau: Ich wollte *keinen* Kaiserschnitt. Ich hatte dieses Gebetsbuch *»Über Natürliche Geburt«* gelesen, voller Geschichten von 15-minütigen Wehen und Frauen, die betend reibungslose Geburten vollbrachten. Ich wusste einfach: So eine Frau würde ich sein.

Als bei mir die Fruchtblase platzte, spazierte ich also mit meinem hübschen kleinen Geburtsplan ins Krankenhaus: *kein Kaiserschnitt.*

Tja, sechsunddreißig Stunden später war mein Muttermund immer noch nicht mehr als einen Zentimeter erweitert und mein Arzt sagte: »Hören Sie, wir müssen das Baby holen, und unsere einzige Option ist ein Kaiserschnitt.« In dem Moment schaute ich meinen Mann an – während einer Wehe! – und sagte: »Pack meine Sachen zusammen. Wir gehen. Ich will keine Operation. Ich *gebe auf.«* Cathy, meine Freundin/Geburtsbegleiterin ehrenhalber lächelte mich liebevoll an und sagte: »Kerri,

15

für eine Geburt gibt es keine Stopptaste. So oder so, du *wirst* dieses Baby zur Welt bringen. Wir haben gebetet und Gott hat mit Sicherheit den besten Plan, und du musst ihm jetzt vertrauen. Du hast es fast geschafft. Du musst weitermachen!« Mir kam es nicht so vor, als hätte ich irgendetwas »fast geschafft«. Ich lag seit sechsunddreißig Stunden in den Wehen – für nichts und wieder nichts.

Ein Zentimeter? Was für ein Reinfall. Ich hätte mich in den Hintern treten können. Aber wenn es mit den Wehen nicht plangemäß läuft, gibt niemand der Mutter die Schuld, weil es nicht ihre Schuld ist.

Dreißig Minuten später an jenem Dienstagabend im Oktober brachte ich einen zuckersüßen, 4 700 Gramm schweren Fettsack von Baby auf die Welt. Sie haben richtig gelesen! Der Arzt schaute meine Tochter an und sagte: »Stillen Sie sie nicht … bestellen Sie ihr eine Pizza!« Sie war so groß, dass sie selbst nach Hause fuhr!

Nachdem ich Mutter geworden war, wurde ich zur Gebetskämpferin für meine Kinder. Im Leben einer meiner Töchter gibt es eine Situation, um die ich schon lange bete, und noch ist die Sache nicht ganz da, wo sie sein soll, doch Gott hat mir versprochen, dass es irgendwann geschehen wird. Wenn Gott etwas verspricht und wir nicht sehen, dass etwas passiert, dann ist eine Geburt im Gange, die man manchmal einfach durchmachen muss, und sie kann ziemlich schmerzhaft sein. Doch wie bei einer Geburt hört man nicht auf, selbst wenn es Komplikationen gibt … man kämpft einfach immer weiter und weiter und weiter … bis man sieht, wofür man gebetet hat.

Was es auch ist, wofür Sie kämpfen: Hören Sie nicht auf. Was immer gerade »geboren« wird – eine Heilung, eine wiederhergestellte Ehe, ein Kind – kämpfen Sie weiter:

- Erinnern Sie sich an das, was Gott versprochen hat. Sagen Sie sich seine Verheißungen laut vor. Das wird Ihnen Kraft geben.
- Machen Sie sich bewusst, welche Vollmacht Sie haben. Gott hat uns Vollmacht über alle listigen Pläne des Teufels gegeben. Machen Sie von dieser Vollmacht Gebrauch und der Teufel muss fliehen.
- Verlassen Sie sich auf Gottes Wort. Suchen Sie Bibelstellen, in denen es um das geht, worum Sie gerade kämpfen (zum Beispiel Heilung, Versorgung, Wiederherstellung). Wenn der Teufel Sie mit Zweifeln angreift, dann erinnern Sie sich an seine Verheißungen und verlassen Sie sich darauf.
- Helfen Sie anderen, bevor und nachdem Ihr Wunder geschehen ist. Das an sich ist schon ein Kampf. Sie zeigen damit dem Feind, dass Sie nicht zurückweichen und gefährlich sind.

Wenn Sie sich einmal dazu entschieden haben, sich auf Gott und seine Verheißungen für Ihr Leben zu verlassen, *gibt es kein Zurück mehr*. Es *wird* etwas geschehen. Der Teufel wird versuchen, Sie zu belügen ... er ist listig; er wird Ihnen sechsunddreißig Stunden Wehen und dann einen Kaiserschnitt verpassen, aber am Ende gibt es die doppelte Belohnung. In meinem Fall ein 4 700 Gramm schweres Baby!

Ich bekam mehr, als ich erwartet hatte, und Gott wusste, dass ein Kaiserschnitt nötig war, sonst könnte ich heute nicht mehr laufen. Er wusste, welchen Kampf ich ausfechten musste. Er kannte das Versprechen, das ich unter dem Herzen trug, bis es an der Zeit war, es ans Licht der Welt zu bringen, damit ich es mit eigenen Augen sehen konnte. Ich beschloss zu glauben, dass in mir ein Versprechen heranwuchs, auch wenn es erst noch so klein war wie ein Senfkorn. Ich hegte und pflegte und nährte es und sang ihm etwas vor ... und neun Monate später wurde meine Tochter geboren. Und dann waren alle Schmerzen vergessen. Gott hat sie weggewischt – so gründlich, dass ich das Ganze noch einmal gemacht habe.

Jetzt wissen Sie, dass Sie nicht aufhören dürfen. Die Frage ist nur: Wie können Sie mit Gott zusammenarbeiten, um zu erleben, dass seine Verheißungen in Ihrem Leben wahr werden?

Zum Nachdenken ...

1. Um welche Verheißungen beten Sie gerade?
Welche Lasten tragen Sie?
2. Welche Bibelstellen können Ihnen in Ihrer
Situation helfen?

Herr, ich halte mich an deinen Verheißungen für mein Leben fest. Ich will mich bewusst gegen Zweifel und Angst wehren und glauben, dass das, was du sagst, wahr ist. Ich will nicht aufhören, weiter um alles zu kämpfen, was du für mich und meine Familie im Sinn hast. Amen.

Bei Disney-Prinzessinnen kommen mir die Tränen

Die Liebe erträgt alles, verliert nie den Glauben,
bewahrt stets die Hoffnung und bleibt bestehen,
was auch geschieht. – 1. Korinther 13,7

Früher war das nie so! Ich konnte zuschauen, wie Aschenputtel und Schneewittchen mit ihrem gut aussehenden Prinz in den Sonnenuntergang ritten, ohne eine einzige Träne zu vergießen. Aber in letzter Zeit, als Mutter, sind ein paar von diesen Filmen anders für mich.

Es begann mit dem Film *Merida – Legende der Highlands*. Es war das erste Mal, dass ich mit meinen beiden Töchtern zusammen ins Kino ging. Ruby war erst zwei, aber sie hatte viel Spaß mit der 3-D-Brille und dem Popcorn. Am Ende des Films gibt es eine Szene, in der die Bärenmutter um ein Haar ihr Leben für ihre Tochter opfert. Es war herzzerreißend und ich heulte wie ein Schlosshund, während ich meine Fünfjährige fest in den Armen hielt. Lucy schaute mich an und sagte in etwa: »Mama, warum weinst du denn? Ihre Tochter hat sie doch überhaupt erst in einen Bären verwandelt! Ich versteh's nicht.« Ich schluchzte noch den ganzen Nachhauseweg über: »Das kommt noch, Schatz, das kommt noch.« Vielleicht hatte ich an dem Tag PMS.

Das Gleiche passierte, als ich mit den Mädels in *Die Eiskönigin – Völlig unverfroren* war. Das ist einer der neuesten Disney-Märchenfilme, und es geht darin um zwei Schwestern und ihren Kampf gegen einen Fluch, der die eine Schwester seit ihrer Geburt verfolgte: Alles, was sie berührte, wurde zu Eis. Wir sangen die Lieder mit und feuerten die Heldin an, während sie durch Schnee und Berge wanderte, um ihre Schwester zu finden, die sich freiwillig versteckte, um niemandem zu schaden. Und, ja, es gab auch Prinzen. Um den Fluch zu brechen, musste es einen Akt wahrer Liebe geben, und alle gingen davon aus, dass es ein Kuss vom Märchenprinz sein würde. Doch der Märchenprinz war gar nicht so märchenhaft, und wie sich herausstellte, versuchte er, den königlichen Thron dem rechtmäßigen Inhaber streitig zu machen. Der Akt der wahren Liebe, der den Fluch brach und das Königreich befreite, war der Kuss und die Umarmung zwischen den Schwestern! Noch jetzt, wo ich es aufschreibe, kommen mir die Tränen! Es war ein selbstloser Akt, und alles Schlechte schmolz buchstäblich dahin. Ich hatte das Gefühl, als würde Gott zu mir sagen, dass Liebe nicht nur über alles siegt, sondern auch alles heilt.

Wie in dem Film *Die Eiskönigin* gibt es auch in meinem Leben Situationen, bei denen ich das Gefühl habe, es müsste erst ein Fluch gebrochen werden. Ich verstehe den Schmerz jener beiden Schwestern – die eine fühlt sich einsam, wertlos und kann sich selbst nicht helfen, und die andere fühlt sich hilflos, weil sie ihre Schwester nicht heilen kann. In jenem dunklen Kinosaal hörte ich Gottes Stimme … Liebe! Und Liebe ist genau das, was wir wollen. Liebe ist der einzige Weg zu einem wahren

Happy End. Diese Geschichtenerzähler von Disney haben keine Ahnung, wie nahe sie mit dieser Botschaft der Guten Nachricht von Jesus kommen! Wow, das klingt jetzt echt kitschig, oder? Mentale Notiz: Keine Disney-Filme mit den Kindern schauen, wenn ich PMS habe. Am Ende kaufe ich drei Tüten Popcorn und eine große Tüte saure Gummibärchen … nur für mich!?

Zum Nachdenken …

1. Ist bedingungslose Liebe den eigenen Kindern gegenüber einfacher als anderen Menschen gegenüber? Warum?

2. Haben Sie schon einmal selbstlose, echte Liebe erlebt? Und haben Sie schon einmal selbstlose, echte Liebe geschenkt?

Lieber Gott, danke, dass du auch an so unerwarteten Orten wie einem Kino mit mir sprichst. Danke, dass du mir durch deinen Sohn das Geschenk der Liebe gemacht hast. Danke, dass ich Mutter sein darf und dass du mir hilfst zu verstehen, was bedingungslose Liebe ist. Hilf mir, diese Art von Liebe auch anderen Menschen zu schenken als nur meinen eigenen wunderbaren Kindern – zum Beispiel meinem Mann, meinen Freunden und Menschen, die es eigentlich nicht verdient haben. Amen.

Die Handtasche behalte ich!

Ich danke dir, dass du mich so herrlich und aus-
gezeichnet gemacht hast! Wunderbar sind deine
Werke, das weiß ich wohl. – Psalm 139,14

Meine Schwägerin ist das, was ich gern »extravagant« nenne. Sie ist hübsch und hat immer alles im Griff. Sie ist die Art von Frau, die zwei Kinder hat und sich in einem Wohltätigkeitsverein engagiert. Zum Geburtstag bekomme ich von ihr immer ausgefallene Geschenke – Dinge, die ich mir nie selbst kaufen würde. Ich überlege dann, ob ich sie behalten oder auf eBay verkaufen soll. Zu meinem letzten Geburtstag hat sie mir eine teure Designerhandtasche geschenkt! Mein erster Gedanke war: »Für wie viel kann ich die wieder verkaufen?« Ich bin nicht die Art von Frau, die mit teuren Designertaschen durch die Gegend läuft. Ich gehe im Fabrikverkauf shoppen, und nichts in meinem Kleiderschrank oder in meiner Accessoire-Sammlung hat mehr als 49,99 Dollar gekostet (und das war hoffentlich ein Hosenanzug!). Ich fand es schon immer unglaublich leichtsinnig, wenn Frauen Hunderte von Dollar für eine Handtasche ausgeben. So etwas habe ich noch nie in meinem Leben getan. Aber Tausende Frauen da draußen tragen solche Taschen, und dieses Statussymbol bedeutet ihnen etwas. Sie haben viel Freude daran oder vielleicht gefällt ihnen tatsächlich die Machart dieser Taschen. Sie sind aus sehr hochwertigem Material hergestellt. Doch für den Preis, den man im Einzelhandel dafür zahlt, sollten sie wenigstens mit Goldfäden genäht sein und in jeder Seitentasche noch Geld stecken haben. Das ist schon erstaunlich, denn ich lebe in Los Angeles, wo Frauen unzählige Handtaschen besitzen. Mit dem Geld, das sie für ihre Garderobe ausgeben, könnte man ein ganzes kleines Land ernähren. Ich lebe im Land des extremen Überflusses, und doch bin ich samstagmorgens auf dem Flohmarkt, kaufe gebrauchte Gegenstände und feilsche noch um den Preis eines Schmortopfs. Das macht mir Freude. Ich nehme an, wenn es auf einem Flohmarkt eine Designerhandtasche gäbe und sie würde weniger als fünf Dollar kosten, würde ich sie kaufen.

Zu unserem letzten Familientreffen beschloss ich, meinen Kram in die schicke neue lila Handtasche mit dem großen Designerlogo zu stopfen und sie mitzunehmen, sodass meine Schwägerin sehen konnte, dass sie mir gefällt. Anschließend wollte ich sie gegen Bargeld verkaufen und dafür im Kaufhaus drei Handtaschen und zwei Pullover erstehen. Doch dann passierte etwas. Ich hängte mir diese wunderschöne Tasche über die Schulter und plötzlich fühlte ich mich ein wenig glücklicher als zuvor. Ist das nicht verrückt? Eine Handtasche, die jemandem Freude macht? Mir gefiel das Design, und ich muss zugeben, dass mir auch all die Komplimente gefielen, die ich für meine Designerhandtasche bekam. Und dann wurde mir etwas bewusst: Ich bin doch eine Designerhandtaschenfrau. Wenn jemand mir etwas sehr Schönes schenken will, dann sollte ich auch glauben, dass ich es wert bin. Und genau so sieht Gott mich. Ich bin kein Fünf-Dollar-Secondhand-Flohmarktgegenstand. Ich bin ein wunderschönes, neues Spitzenmodell, das *er* nach *seinem* Bild erschaffen hat. Ich muss nicht aus falscher Bescheidenheit meinen, ich dürfte nicht gelegentlich extravagante Dinge besitzen.

Ich glaube, die meisten Mütter denken, es ist falsch, sich etwas Gutes zu tun. Wir denken oft, wir sollten stets bescheiden sein. Vielleicht will Gott uns aber so segnen, dass uns Hören und Sehen vergeht, und uns wissen lassen, dass es völlig in Ordnung ist, sich eine Maniküre und eine Massage im gleichen Jahr zu leisten! Wir müssen aufhören, ein schlechtes Gewissen zu haben, wenn Gott will, dass wir uns mit Liebe überschütten, verwöhnt und wie etwas ganz Besonderes fühlen sollen. Wenn eine schicke Handtasche oder ein Paar Stöckelschuhe Sie etwas beschwingter durch den Tag gehen lassen, dann nur zu! Gott hat Sie zu einem Leben aus der Fülle erschaffen! Sie haben's immer noch drauf, also zeigen Sie Ihren Kindern und Ihrer Familie ruhig, dass Mami immer noch ein »heißer Feger« ist! Vielleicht inspiriert es Ihren Ehemann sogar dazu, seine Jogginghose von 1987 auszuziehen und Sie ordentlich in ein Restaurant auszuführen, dessen Speisekarten man nicht als Malpapier verwenden kann!

Zum Nachdenken ...

1. Was würden Sie sich leisten (auch wenn Sie es eigentlich nicht brauchen), wenn Geld kein Thema wäre?
2. Haben Sie schon einmal ein so extravagantes Geschenk bekommen, dass Sie das Gefühl hatten, es nicht zu verdienen? Was haben Sie dann getan? Würden Sie es heute anders machen?

Lieber Gott, hilf mir, mich so zu sehen, wie du mich siehst: schick, neu und schön, selbst an Tagen, an denen ich mich abgespannt, müde und völlig ausgelaugt fühle. Hilf mir zu begreifen, wie viel ich für dich einfach als Mensch wert bin, unabhängig davon, was ich tue. Danke, dass du mir erlaubst, mir etwas Besonderes zu gönnen und kein schlechtes Gewissen deswegen zu haben. Amen.

Nutella-Anfall

Lehre dein Kind, den richtigen Weg zu wählen, und
wenn es älter ist, wird es auf diesem Weg bleiben.
— Sprüche 22,6

Wie heißt es doch so schön: Solche Tage gibt's einfach. Mag
ja sein, aber heute kann ich es nicht ertragen. Wirklich nicht.
Ich weiß, dass dieser Tag besonders schlimm ist, weil ich heute
Morgen Nutella gekauft habe und schon den ganzen Tag immer
wieder den Finger ins Glas stecke wie eine Abhängige. Und all
das nur, damit ich nicht noch einem meiner »süßen Kinder«
wehtue. Wenn ich meinen Finger in die leckere, cremige Schokolade tauche und dann in den Mund stecke, befähigt mich das
irgendwie dazu, mir nicht einen Holzlöffel zu schnappen und
eins der Kinder durchs Haus zu jagen. Allerdings würde mir ein
Holzlöffel vielleicht helfen, noch mehr Nutella in den Mund zu
bekommen ...

Ich weiß, dass auch Tage wie heute vorbeigehen, aber im
Moment habe ich die Nase voll. Zuerst haben wir beim Elternsprechtag im Kindergarten erfahren, dass unsere dreijährige
Tochter anderen Kindern das Essen aus den Vesperdosen klaut
und lernen muss, einen »Diskretionsabstand« einzuhalten. Dann
hat mich meine sechsjährige Tochter angelogen und behauptet,

die Gummibärchen, die sie im Auto auf dem Boden gefunden hat, seien »frisch«. Als wir nach Hause kamen, wärmte ich Zucchiniburger, Kartoffeln und ein paar Scheiben Truthahn auf, und siehe da, beide weigerten sich zu essen. Und um dem Tag die Krone aufzusetzen, mutierte meine Dreijährige in dem Augenblick, als ich ihr den Rücken zudrehte, zum Picasso und *bemalte die Küchenwand!*

Ich musste sie bestrafen, und als sie weinte, brach mein Herz in tausend Stücke. Der Blick, den sie mir zuwarf – dieser »Mami, weißt du denn nicht, dass ich das für dich gemacht habe, und jetzt hast du mir wehgetan und meinen Traum zerstört, einmal eine große Graffitikünstlerin zu werden!«-Blick … Nach diesem Zwischenfall warf sich Lucy auf den Boden und behauptete, sie könne nicht mehr in die Küche gehen, weil sie an der Wand Schattenmenschen gesehen habe, die versuchten, die Kontrolle über ihren Körper zu übernehmen.

Ich verstecke mich im Schlafzimmer und versuche, mich zu beruhigen. Ich habe gerade meine Regel bekommen und muss mich für eine Hollywood-Galaparty umziehen, wo ich wie der letzte Schrei aus Paris aussehen soll, obwohl ich bei keiner meiner Hosen den Knopf zubekomme, weil ich aufgedunsen bin wie Moby Dick! Kann mich bitte jemand davon abhalten, mir das Nutella-Glas zu holen, mich auf dem Bett zusammenzurollen und zu 1980er-Jahre-Liebessongs in den Schlaf zu schaukeln?

Vielleicht kennen Sie nichts von alledem. Wenn das der Fall ist, dann legen Sie dieses Buch weg und feiern Sie Ihr Leben, denn es ist nicht normal. Aber wenn Sie auch schon einmal solch einen Tag hatten, dann will ich Ihnen sagen: Sie sind nicht allein. Hey, ich bin auch nicht allein. Gott sagt uns, wir sollen unsere Kinder so erziehen, dass sie den richtigen Weg einschlagen und nicht mehr davon abweichen. Er hat uns nur nie davor gewarnt, dass es so schwer ist. Ich schätze, meine Mutter hatte auch solche Tage. Ich glaube, darum hat sie mich so oft mit der Fliegenklatsche weggejagt. Wahrscheinlich ist der heutige Tag einer der vielen Gründe, warum Gott Nutella-Creme erschaffen hat. Und wo war jetzt mein Holzlöffel …?!

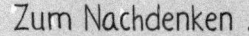 

Zum Nachdenken …

1. Wenn Sie einen solchen Tag haben,
was ist Ihr geheimes Patentrezept?
2. Was war die schlimmste Aktion Ihrer Kinder,
bei der Sie die Beherrschung verloren haben?
Wie sind Sie damit umgegangen?

Lieber Gott, hilf mir, an Tagen wie heute mein hitziges Temperament zu beherrschen. Hilf mir, eine Atempause zu finden – und wenn sie nur darin besteht, mich mit meinem Nutella-Glas im Schlafzimmer zu verstecken. Ich weiß, du siehst, dass ich mein Bestes gebe. Ich weiß, morgen wird ein besserer Tag. Ich liebe dich! Amen.

ZEHN DINGE, DIE SIE ALS ELTERN NIE WIEDER TUN WERDEN

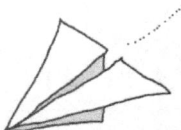

1. Mehr als elf Minuten lang duschen … allein!

2. Unter der Woche abends in einem Fünf-Sterne-Restaurant essen.

3. Im Großmarkt unter 300 Dollar ausgeben.

4. Das Haus in weniger als dreiundzwanzig Minuten verlassen.

5. Die Nacht durchschlafen.

6. Nachrichten aus aller Welt schauen und sich keine Sorgen machen.

7. Enge Jeans tragen.

8. Einen ungeplanten Ausflug machen, »einfach nur so«,
und keine Snacks einpacken.

9. Allein auf Toilette gehen.

10. Sich fragen, warum Ihre Mutter immer müde war!

McDonald's-Cheeseburger sind ein Gottesgeschenk

Schmecke und sieh, dass der Herr gut ist. Freuen darf
sich, wer auf ihn vertraut! – Psalm 34,9

Gestern Abend beschloss ich, tapfer zu sein und mit Ruby, Lucy und Lucys Freundin in einer Kirche hier im Ort zu einem Krippenspiel zu gehen. Ganz mutig sagte ich zu meinem Ehemann, er könne den Abend freihaben.

Das Chaos beginnt damit, dass ich im Verkehr feststecke und die Tortur über mich ergehen lassen muss, mir das gesamte *Alvin und die Chipmunks*-Weihnachtsalbum 345-mal anzuhören. Ich meine, wen interessiert es schon, dass das Backenhörnchen Theodore nichts weiter will als seine beiden Schneidezähne? (Ach richtig – meine Kinder!) Ich habe ein paar Snacks in meiner Handtasche mitgeschmuggelt und eine Flasche Wasser, also versuche ich, ruhig zu bleiben. Wir kommen eine Viertelstunde zu spät. Nachdem ich mich mit jedem in der letzten Reihe angelegt habe, steht Ruby auf meinen Beinen und versucht, die tanzenden Pinguine zu sehen, die *Stille Nacht* singen. Nach ungefähr zwei Minuten fallen die Kinder über mein Popcorn her und fangen an, laut zu knuspern. Mitten in der Lesung der

35

Weihnachtsgeschichte ruft Ruby: »Mama, Wasser!« Dann ruft Lucy: »Mama, ich muss maaaaal!« Ich bugsiere alle zu einer Toilettenpause nach draußen und wieder hinein und die ganze Prozedur beginnt von vorn. Kaum ist es vorbei, stürzen die Kinder nach draußen zu den Plätzchen, während ich versuche, mich von mehreren Freunden zu verabschieden. Irgendwann mitten in diesem ganzen Chaos verliere ich die Kinder aus den Augen, nur um sie *auf der Bühne* wiederzuentdecken, wo sie ihre ganz eigene Version von *Lasst uns froh und munter sein* singen und einen ziemlichen Aufruhr verursachen. Das große Finale besteht darin, dass ich sie von der Bühne jage und ins Auto schubse wie eine Kidnapperin. Sie sind so überdreht, dass ich das Gefühl habe, mir fällt gleich der Kopf ab.

Ich tue, was jede andere anständige Mutter auch tun würde, und sage: »Wenn ihr jetzt ruhig seid, gehe ich mit euch zu McDonald's.« Und seien wir mal ehrlich, in diesen Cheeseburgern ist irgendwas, das alle glücklich macht. Wenn Sie mich fragen, sind es irgendwelche heimlichen Suchtstoffe. Fünf Minuten später herrscht völliger Friede in meinem Auto, während die Kinder Pommes und Burger verdrücken. Sogar ich habe mir einen bestellt. Und als ich in das industriell verarbeitete Fleisch beiße, das sich »Hamburger« schimpft, gleite ich selbst in ein Kohlenhydrat-Koma ab. Ganze acht Minuten lang bin ich im Himmel, bis ich plötzlich auf dem Rücksitz nichts anderes mehr höre als: »Sie hat mir das Spielzeug aus meinem *Happy Meal* geklaut! Mamaaaaa!!!«

Ich tue einfach so, als gäbe es das Gezeter nicht, schlürfe weiter meine Cola und singe *Freue dich, Welt*. Ich glaube wirklich,

Gott hat Cheeseburger für Momente wie diesen erschaffen. Ich weiß, es wäre schön, wenn meine Kinder nur bio essen und wir unsere eigene Butter herstellen würden. Doch seien wir mal ehrlich: Die einzigen Leute, die das machen, sind Pseudo-Intellektuelle ohne Kinder. In Krisenzeiten ist nichts Falsches daran, die Hilfe eines *Happy Meals* als Gottesgeschenk in Anspruch zu nehmen.

Aber Spaß beiseite: Meine Kinder haben an dem Abend mehr bekommen als nur Cheeseburger. Durch das Krippenspiel haben sie Gottes Wort in sich aufgenommen, und auf der Heimfahrt sangen wir *Freue dich, Welt, dein König naht*. Am Ende wurde mir klar, dass Dinge wie ein *Happy Meal* als Notlösung ganz nett sind, und ich weiß, dass es anstrengender sein kann, einen Bibeltext zu verdauen als einen saftigen Cheeseburger. Aber die Auswirkungen von Gottes Wort sind nachhaltiger und kalorienfrei. Ich glaube, eine Mischung aus beidem ist keine schlechte Idee.

Zum Nachdenken ...

1. Geben Sie Ihren Kindern
auch Gottes Wort als Nahrung?
2. Was kann auf den ersten Blick in Ihrem Leben
appetitlicher aussehen als Gottes Wort?

Lieber Gott, gib mir die Sehnsucht, mich mehr von deinem Wort zu ernähren als vom Fast Food dieser Welt. Gib mir Appetit darauf, dich besser kennenzulernen; und gib allen Dingen, die nicht gut für mich sind, einen bitteren Geschmack. Danke, dass du mir in chaotischen Zeiten Gnade schenkst ... und danke auch, dass mir das große goldene »M« von McDonald's manchmal das Leben leichter macht. Amen.

Mein virtuelles Leben

Jesus sah sie eindringlich an und sagte:
»Menschlich gesehen ist es unmöglich.
Aber bei Gott ist alles möglich.« – Matthäus 19,26

Ich muss Ihnen etwas gestehen. Ich hatte zwei völlig kinderfreie Tage und große Pläne, intensiv Zeit mit Gott zu verbringen. Stattdessen stand ich auf und begrüßte den Tag mit Smartphone statt der Bibel in der Hand. Das ist buchstäblich das Erste, wonach ich morgens greife, um nach meinen E-Mails, nach Sprachbox-Nachrichten, SMS, Facebook, Twitter und Instagram zu schauen. Ich weiß, ich klinge wie eine Abhängige, und mir ist klar, dass es ein größeres Problem ist, als ich zugeben mag. Ich kann diejenigen verurteilen, die nach Drogen greifen, als wäre das ein riesiges Problem, ohne auch nur einen Blick auf mich selbst zu verschwenden. Vielleicht sollte ich mein Telefon in meine Bibel legen, damit ich wenigstens die Chance habe, morgens als Erstes einen Blick auf einen Bibelvers zu werfen. Ist das nicht armselig?

Mir ist das wirklich peinlich. Ich breche das Gesetz und rufe meine Nachrichten ab, wenn ich an einer Ampel stehe. Ja, nur zu, rufen Sie die Polizei. Ich habe schon Strafzettel deswegen bekommen – zweimal! Wann werde ich es endlich lernen? Ich weiß, es ist illegal, doch aus irgendeinem Grund kann ich keine vierzehn

Sekunden leben, ohne nachzuschauen, wie vielen Leuten mein neuer Haarschnitt gefällt. Wir leben nicht mehr einen Moment nach dem anderen, sondern wir erfassen sie, um sie weiterzugeben! Mir graut vor dem Tag, an dem meine Kinder merken, dass ich jeden Meilenstein, jeden kostbaren Moment in ihrer gesamten Kindheit ausgeschlachtet und mit ein paar Tausend meiner besten Freunde »geteilt« habe – nur um die Bestätigung zu bekommen, dass ich eine gute Mutter bin. Selbst heute Abend, als meine Kinder im Bett miteinander gekuschelt haben, habe ich schnurstracks mein Telefon gezückt, um den Augenblick »festzuhalten« und dann in die Welt hinauszukatapultieren. Welche Mutter macht das? Nun, offenbar eine ganze Reihe von uns. Wir machen sogar Fotos von unseren Kindern, wenn sie schlafen. Wann wird dieser Wahnsinn ein Ende nehmen?

Es ist fast so, als könnten wir keine Entscheidung mehr treffen, ohne den »Stammesrat« von fast Fremden einzuholen, die wir in sozialen Netzwerken als »Freunde« akzeptiert haben. Es ist ein Spiel; es ist aufregend; es ist nicht gut. Ja, ich lese auch alle Bibelverse, die andere Leute posten, aber ich muss gestehen, dass ich sie eher überfliege, um die *12 ganzheitlichen Anti-Schuppen-Mittel mit Rosmarinöl* zu finden.

Wir leben in einer Gesellschaft, in der niemand mehr das Telefon zur Hand nimmt, um mit anderen zu reden, aber wir können mitten in der Nacht die Fotos von unserem Exfreund anstarren. Das Internet ist zum sozialen »Dorfbrunnen« geworden, wo wir unsere Neuigkeiten bekannt geben. Die Grenze dessen, was zu persönlich ist, um darüber zu sprechen, verwischt immer mehr. Menschen posten Todesfälle, Krankheiten, Ge-

40

betsanliegen. Wir können eheliche Streitigkeiten mitlesen, die online ausgefochten werden. Bevor wir's uns versehen, hat uns das Internet Stunden unseres Lebens geraubt, und was haben wir davon? Augenringe! Der ganze Kram, den ich lese, wirkt ja recht unschuldig, aber mir graut schon vor dem Tag, wenn meine Kinder Zugriff auf diesen Internet-Wahnsinn haben werden. Wie kann ich sie beschützen? Wenn Mami jetzt schon so schlimm ist, wie will ich dann später gesunde Grenzen setzen? Was für ein Vorbild bin ich, wenn ich ständig mein Telefon in der Hand habe?

Ich möchte damit aufhören. Wirklich. Aber nicht genug, um ernsthafte Maßnahmen zu ergreifen. Ich kann ein paar Tage ohne Internet leben, doch dann bricht mir der kalte Schweiß aus und mein Körper hat Entzugserscheinungen. Ich habe das Gefühl, die Welt zieht an mir vorüber und ich bin nicht online, um es »mitzuerleben«.

Kommt Ihnen irgendetwas davon bekannt vor? Seien Sie ehrlich. Wie viel von Ihrem Leben spielt sich im Internet ab statt im richtigen Leben? Wie viele Augenblicke in Ihrem Leben mussten Sie einfach auf Facebook »festhalten«, damit die ganze Welt ihren Kommentar dazu abgeben konnte? Warum sollte mein Selbstwertgefühl davon abhängen, was eine 500 Kilometer entfernte Bekannte über die Osterkleider meiner Kinder denkt? Und die Sache mit dem Telefon beim Autofahren ist schlichtweg dumm und gefährlich. Ich muss einiges verändern und ich gebe offen zu, dass ich Angst davor habe. Vielleicht sind es nicht die sozialen Netzwerke, sondern etwas anderes, das Ihnen buchstäblich das Leben raubt. Bitten Sie Gott, Ihnen zu zeigen, wo die wunden Punkte liegen könnten, und wenn Sie etwas ändern wollen, dann beten Sie mit mir. Für Gott ist nämlich nichts unmöglich.

Zum Nachdenken ...

1. Was ist Ihr »Zeitverschwender«?
Wie versuchen Sie, ihn im Griff zu behalten?
2. Wenn Sie etwas ändern wollen, womit können
Sie gleich anfangen, um wieder etwas mehr
ins Gleichgewicht zu kommen?

Lieber Vater im Himmel, ich stecke tief im Schlamassel und brauche deine Rettung. Ich möchte nicht auf die Kindheit meiner Kinder zurückschauen und wissen, dass ich einen großen Teil davon verpasst habe, weil mein Blick am Computerbildschirm oder einem Telefon-display klebte. Zeig mir, wie ich für meine Kinder wirklich anwesend sein kann, und hilf mir, die Sucht nach Anerkennung von der Welt zu überwinden. Hilf mir, für dich die gleiche Leidenschaft zu haben wie für die Dinge dieser Welt. Ich weiß, dass ich es mit dir schaffen kann, und ich will gleich damit anfangen. Amen.

Der Glaube eines Kindes

»Weil euer Glaube so gering ist«, sagte Jesus. »Ich ver-
sichere euch: Wenn euer Glaube auch nur so groß wäre
wie ein Senfkorn, könntet ihr zu diesem Berg sagen:
Rücke dich von hier nach da, und er würde sich bewegen.
Nichts wäre euch unmöglich.« – Matthäus 17,20

Ich habe immer mein Bestes versucht, um meinen Kindern
schon ganz früh einen großen Glauben mitzugeben. Meine
Mutter und ihre Mutter haben das Gleiche getan. Im Kabelfernsehen habe ich mehrere alte Bibel-Comicserien aus den 1980ern
entdeckt, die Geschichten aus dem Alten und Neuen Testament
erzählen. Weil ich versuche, meinen Kindern gute Moral und
gute Werte mitzugeben, lasse ich sie diese Fernsehsendungen
schauen, und sie verschlingen sie förmlich. Mir war allerdings
nicht bewusst, dass diese Serien nicht so politisch korrekt waren, wie Fernsehsendungen es heutzutage sind. Nehmen wir zum
Beispiel die Geschichte von Josef und Potifars Frau und wie sie
versuchte, ihn zu verführen. Die Videos zeigten tatsächlich diese ganze Szene. Nachdem sie die Sendung gesehen hatte, spielte
Lucy in ihrem Zimmer »Verkleiden«. Sie hatte ein paillettenbesetztes Kleid an und eine Federboa umgeschlungen und sprach
mit ihrer Jungenpuppe. Mit der tiefsten Stimme, zu der sie mit

ihren fünf Jahren fähig war, sagte sie: »Josef ... komm mich doch irgendwann mal besuchen!« Wen spielte sie da, Marlene Dietrich? Mein Mann Ron sah das Ganze und holte mich dazu. Erst später begriffen wir, dass sie Potifars Frau spielte! Von allen biblischen Figuren hat sie sich *die* als Vorbild ausgesucht?! Gott helfe uns!

Wir wollten keine große Sache daraus machen ... außer, dass wir diese lustige Anekdote allen unseren Freunden erzählten. Ich meine, liegt nicht der ganze Sinn solcher Momente darin, dass sie eine gute Geschichte abgeben?

Ungefähr eine Woche später ertappte ich Lucy dabei, wie sie vom Rand der Badewanne ins Wasser sprang. Das tat sie immer wieder, bis ich der Sache ein Ende machte. Auf der Stelle fing sie an zu weinen. Ich sagte: »Was ist los, Schatz? Du weißt doch, dass das gefährlich ist!« Sie schluchzte: »Mami, ich habe versucht, auf dem Wasser zu gehen. Jesus hat gesagt, wenn ich den Glauben von einem Senfbaum habe, ist alles möglich. Ich habe den Glauben, Mami. Warum konnte Petrus auf dem Wasser gehen, wo er doch nicht mal geübt hat?« Ich lächelte und sagte: »Lucy, wenn irgendjemand den Glauben hat, um auf dem Wasser zu gehen, dann du. Ich glaube, dass du alles schaffen kannst – aber lass uns erst mal auf dem Trockenen üben.«

Lucy war schon immer ein Kind mit einem großen Glauben, und so gerne ich mir das selbst zuschreiben würde – es ist ein Geschenk von Gott. Das wusste ich bereits, als ihr erster Goldfisch starb und ich sie dabei ertappte, wie sie versuchte, ihn von den Toten aufzuerwecken. »Steh auf, Goldie! Im Namen Jesu, steh auf!« Tante Lori musste im Badezimmer mit Lucy und Goldie eine Bestattungszeremonie à la *Findet Nemo* abhalten: »Alle Wege führen ins Meer!«

Wie fördere ich als Mutter den Glauben meines Kindes – sogar den Glauben an das Unmögliche –, während ich ihm gleichzeitig beibringe, wie man in einer gefallenen Welt lebt? Jedes Mal, wenn Lucy einen Kummer hat, bete ich mit ihr. Heute hatte sie sich die Nase wehgetan, und nachdem ich mit ihr gebetet hatte, fragte ich sie, ob die Schmerzen weg waren. Sie sagte: »Mami, wenn wir beten, geht es immer gleich weg!« Mann, ich wünsche mir den Glauben meines Kindes. Mein Wunsch für sie ist, dass sie immer mit diesem reinen, ungefilterten Glauben lebt, dass das wahr ist, was die Bibel sagt. Gott ist unser Arzt, gestern, heute und morgen. Lucy geht an keinem Rollstuhlfahrer vorbei, ohne ihm anzubieten, für seine Heilung zu beten. Manchmal ist das ein bisschen brisant, aber ich möchte es gar nicht anders haben. Ich bin dankbar, dass Gott uns Lehrer gibt, die uns beibringen, wie Jesus zu leben ... wir nennen sie Kinder.

Zum Nachdenken ...

1. Sehen Sie bei Ihren Kindern den ungetrübten Glauben an Gottes Macht? Wie äußert er sich?
2. Wie können Sie in Ihrem Glauben an Gott kindlicher werden?

Lieber Gott, danke für den Glauben meiner Kinder. Hilf mir, sie nach deinem Wort zu erziehen und ihnen immer wieder beizubringen, dass für die Menschen, die an dich glauben, alles möglich ist. Vergib mir meinen desillusionierten Unglauben, der manchmal durchschlägt, und hilf mir, dich so zu sehen, wie meine Kinder es tun. Amen.

ZEHN DINGE, DIE SIE NIE ZU IHRER FRAU SAGEN SOLLTEN, WENN SIE IM KREISSSAAL LIEGT

1. Stört es dich, wenn ich ein bisschen fernsehe?

2. Wann wollen wir anfangen, über das nächste Kind nachzudenken?

3. Wann planst du, wieder mit dem Sport anzufangen?

4. Ach komm schon, so schlimm kann das gar nicht wehtun.

5. Ich komme gleich zurück, ich hol mir nur was zu essen.

6. Ich bin für dich da. Wir sitzen beide im selben Boot.
Ich fühle mit deinen Schmerzen mit.

7. Atmen – einfach atmen!

8. Du wirst das Baby doch nicht ernsthaft so nennen?

9. Tja, die Suppe hast du dir selbst eingebrockt.

10. Kannst du mal fürs Foto lächeln?

Kostbare Edelsteine

Sie ist kostbarer als Edelsteine; und alles,
was du dir jemals wünschen könntest, ist mit ihr
nicht zu vergleichen. – Sprüche 3,15

Ich stand meiner Großmutter immer sehr nahe. Sie hieß Catherine Pomarolli, aber Menschen, mit denen sie befreundet war, nannten sie Kitty. Sie war ein starkes irisches Mädel, geboren im Jahr 1914, und wuchs als Älteste von zehn Kindern auf. Von Geburt an hatte sie das »Mama-Gen« und eine besondere Gabe, für Menschen zu sorgen – besonders mit ihrem Essen. Wenn wir sonntags zu ihr zum Mittagessen gingen, war immer genug auf dem Tisch, um eine ganze Armee satt zu machen. Ich glaube, für weniger als fünfzehn Personen konnte sie gar nicht kochen. Ob es nun ihre hausgemachte Gemüsesuppe war oder gefüllte Auberginen, Omas Küche war immer erfüllt von Düften der Liebe. Sie konnte hundert Kartoffeln schälen, ohne ins Schwitzen zu kommen. Heiligabends tat sie sich mit meiner anderen Großmutter zusammen und verbrachte Stunden um Stunden damit, einen herrlichen Festtagsbraten und alles, was dazugehört, zuzubereiten.

Ich habe Tausende Erinnerungen an meine Großmutter. Manche sind schrecklich peinlich, wie damals, als sie mich neben meinen Klassenkameraden Thomas Johnson platzierte, damit wir uns während des Vaterunsers bei den Händen halten konnten. Oder ich denke an die vielen Jungs, die sie erst einmal interviewte, wenn sie mich daheim anrufen wollten, bevor sie das Telefon an mich weiterreichte. Meine Großeltern hatten sich bei einer Tanzveranstaltung in Detroit kennengelernt. Mein Großvater warf einen Blick auf sie und forderte sie zum Tanz auf. Daraus wurden sechzig Jahre Ehe. Sie zogen zwei Söhne groß und standen viele Stürme gemeinsam durch. Ich habe Fotos von Kitty in ihren jüngeren Jahren gesehen, herausgeputzt mit Stöckelschuhen und funkelndem Schmuck. Doch hauptsächlich erinnere ich mich daran, wie sie in der Küche über das Spülbecken gebeugt stand oder wie sie mich ihr wunderschönes, dickes weißes Haar bürsten ließ, wenn wir samstagabends *Love Boat* oder *Fantasy Island* schauten. Sie war meine Freundin, und ich vermisse sie. Nach einem langen Kampf mit Alzheimer ging sie vor achtzehn Jahren von uns. Ein Teil meines Herzens fühlt sich immer noch leer an, seit sie nicht mehr da ist. Ich weiß, sie ist im Himmel – und dort kocht sie wahrscheinlich für Jesus und ungefähr tausend seiner Jünger, und bestimmt folgt Opa Eli ihr immer noch auf Schritt und Tritt. Ich hoffe, im Himmel gibt es auch eine Tanzfläche, wo meine Großeltern zeigen können, was sie draufhaben.

Vor Kurzem habe ich meine Eltern besucht, und mein Vater gab mir ein Kästchen mit dem Schmuck meiner Großmutter, den sie in den 1930er-Jahren getragen hatte: Perlenketten mit Diamanten und Federn, Silberketten mit angehängten Pillendöschen, unzählige farbige Steine und die exquisitesten Broschen, die man sich vorstellen kann. Ich nahm jedes einzelne Stück in die Hand und probierte alles an, so wie damals, als ich sechs Jahre alt war. Meine fünfjährige Prinzessin namens Lucy kam angerannt und fragte, ob sie eine der besonderen Ketten anprobieren dürfte, also legte ich ihr eine hübsche gelbe um den Hals. Ihr Gesicht leuchtete auf, weil sie wusste, wem die Kette einmal gehört hatte. Es ist schon lustig; der Ehering an meinem Finger gehörte nämlich ursprünglich meiner Großmutter. Wir haben ihn ändern und den Stein neu setzen lassen, aber wenn jemand ein Kompliment über den wunderschönen Diamanten macht, erzähle ich immer, wem der Ring ursprünglich gehört hat.

Ich sammelte all meinen kostbaren neuen Schmuck ein und nahm ihn mit nach Hause. Es war, als bekäme ich einen Teil meiner Großmutter zurück, als ich jeden Stein in mein eigenes Schmuckkästchen legte. Das Loch in meinem Herzen fühlte sich nicht mehr so groß an. Wenn ich ein Schmuckstück von ihr anlege, ist es so, als würde ich ein Stück Geschichte an mir tragen – eines, das ich eines Tages meinen eigenen Töchtern weitergeben werde.

Ich werde ihnen von ihrer Urgroßmutter und ihrem Vermächtnis erzählen. Ich trage diese Erinnerungen in meinem Herzen: ihr Lachen, ihre Scherze, oder das eine Mal, als wir an einem Samstagabend zur Feier meiner Sonntagsschulgruppe zu Fuß in die Kirche gingen und unsere hausgemachten Plätzchen vergessen hatten, sodass wir wieder nach Hause laufen mussten, um sie zu holen. Manchmal zwinkert Gott uns zu und macht uns ein unerwartetes Geschenk, so wie diesen Schmuck. Und genau so ein kostbares Geschenk war meine Großmutter für mich.

Jetzt habe ich mein kleines Mädchen, Ruby Joy – »Gottes kostbaren Edelstein« – und meine Tochter Lucy – die »Lichtbringerin« – als funkelnde Edelsteine in meinem Leben.

Zum Nachdenken ...

1. Gibt es in Ihrer Familiengeschichte Vermächtnisse, die Sie an Ihre Kinder weitergeben?
2. Was sind die kostbaren Edelsteine in Ihrem Leben? Wie hegen und pflegen Sie sie?

Lieber Gott, danke, dass du Edelsteine in mein Leben gelegt hast. Hilf mir, dem Vermächtnis entsprechend zu leben, das du mir anvertraut hast – hilf mir, eine Mutter voller Stärke und Gnade zu sein und bei dir Weisheit zu suchen, so wie meine Großmütter es taten. Amen.

Spieglein, Spieglein
in meinem Auto

Das Wichtigste aber ist, dass ihr einander beständig
liebt, denn die Liebe deckt viele Sünden zu!
— 1. Petrus 4,8

Es war ein herrlicher Morgen. Lucy und ich hatten zusammen Bibelgeschichten auf Video angeschaut und dabei gekuschelt. Dann hatten wir sie für ihren ziemlich ausgebuchten Tag fertig gemacht.

Als wir schließlich zusammen im Auto fuhren, sagte sie zu mir: »Mami, du, ich bin doch manchmal so grummelig …«

»Ja.«

»Soll ich dir mal sagen, warum? Weil ich immer an die schlimmen Sachen denken muss, die du mit mir gemacht hast.«

»Wie bitte?«, erwiderte ich.

»Ja. Die krieg ich einfach nicht aus dem Kopf.«

Es war neun Uhr morgens. Ich chauffierte sie gerade zu einer Verabredung zum Spielen, wonach ich sie wieder abholen und zu einer Kindertanz-Stunde fahren würde. Dann hatte ich eine besondere Überraschung für sie: Karten für ein Theaterstück am Abend. Also fragte ich sie: »Was sind das denn für Sachen, Lucy?«

»Na, erst hast du mir zum Geburtstag nicht den Luftballon gekauft, und dann hast du den letzten Cupcake gegessen, und du hast mich nicht mit der Achterbahn fahren lassen!« Erstens: Der Luftballon kostete neun Dollar in Disneyland, wo ich schreckliche Mutter mit ihr zu ihrem Geburtstag war. Und sie erinnert sich an nichts weiter, als dass sie nicht mit der Achterbahn fahren und den Luftballon haben durfte? Und zweitens: Die Sache mit dem Cupcake ist mindestens zwei Jahre her, aber es ist gut zu wissen, dass das *eine* Mal, dass ich tatsächlich einen Happen von ihren Süßigkeiten abbekommen habe, sie nach Jahren immer noch verfolgt.

Ich antwortete so, wie meine Mutter es immer tat: »Tja, Lucy, wenn ich so eine schlechte Mutter bin, dann sollte ich vielleicht unsere Überraschung heute Abend vergessen. Oder vielleicht nehme ich einfach deine Schwester mit.« Dann wurde es nur noch schlimmer, weil ich in Fahrt war. »Willst du wirklich dieses Spielchen spielen? Also, erstens hast du meine Wand mit Filzstiften vollgemalt. Dann hast du mich und alle deine Freunde irgendwann mal gebissen. Und letzte Nacht bist du heimlich in mein Bett gekommen und hast ins Bett gemacht ... Soll ich weiterreden?«

Lucy: Ich hab dich nie gebissen!

Ich: Hast du doch! Du hast sogar die Katze meiner Freundin gebissen!

Lucy: Aber ich kann das alles einfach nicht vergessen, egal, wie ich mich anstrenge!

Ich: Denk doch mal an all die guten Dinge, die ich für dich getan habe.

Lucy: Da fällt mir nichts ein.

Ich: (lauter werdend, innerlich brodelnd) Machst du Witze? Dir fällt gar nichts ein, wie zum Beispiel, dass ich dich in meinem Bauch getragen, dich gebadet, dich angezogen habe und dass ich im Internet nach deinem Lieblingsspielzeug suche und es dir kaufe? Dass ich dir dein Lieblingsessen mache und mit dir nach Disneyland fahre?

Lucy: (Keine Antwort.)

Ich: Pass lieber auf, was du sagst, bevor du dich um Kopf und Kragen redest!

Ich: (kämpfte gegen die Tränen an und konnte kaum glauben, dass mich eine Sechsjährige so sehr verletzen kann) Du bist gemein, und vielleicht habe ich dich zu sehr verwöhnt und das ist dein Problem. (Jetzt war ich außer Kontrolle und konnte kaum noch die verbale Lawine aufhalten, aber ich bemühte mich sehr, damit ich sie nicht fürs Leben traumatisierte.)

Du willst Dinge sagen, die mir wehtun? Nur zu, aber schau vorher mal in dein Herz, denn ich bin auch ein Mensch und bin wichtig. Und weißt du noch was? Ich nehme dem Weihnachtsmann alle deine Geschenke weg und … und … gebe sie … den Waisenkindern!

Lucy: (Heulte los!)

Ich: (halb weinend) fuhr rechts ran und umarmte meine Tochter.

Ich: Es tut mir leid, Lucy. Ich hab dich lieb.

Lucy: Ich vergebe dir!

Und nach dem ganzen Drama war ich diejenige, die um Entschuldigung bat? Sie ist gut!

Nachdem ich sie abgeliefert hatte, betete ich auf dem Heimweg über unsere Diskussion, und Gott schenkte mir eine blitzartige Erkenntnis: *Kerri, genauso gehst du mit deinem Mann um. Du redest im gleichen Tonfall mit ihm und hast eine lange Liste von allem, was er je falsch gemacht hat, damit du es später als Entschuldigung für dein Verhalten gebrauchen kannst. Merkst du jetzt, wie lächerlich das klingt?*

Ich: Aber Gott, Ron hat wirklich vergessen, nach unserer Hochzeit die Dankeskarten in die Post zu stecken, und ich muss immer noch daran denken!

Gott: Kerri, der Apfel fällt nicht weit vom Stamm. Mein Schatz, was ich dir hier beizubringen versuche, ist ganz einfach. Die Liebe deckt viele Sünden zu. Vergebung ist kein Gefühl, sondern eine Entscheidung.

Jetzt hatte er mich! Kaum zu glauben, wie raffiniert Gott ist. Er hatte mein eigenes Kind gebraucht, um mir eine Ehelektion zu erteilen. Vielleicht verhalte ich mich ab heute anders ... aber unter Garantie werde ich Ron nichts von diesem Erlebnis erzählen!

Zum Nachdenken ...

1. Hat Gott schon einmal Ihre Kinder gebraucht,
um Ihnen Ihr eigenes schlechtes Verhalten
vor Augen zu führen? Wie?
2. Haben Sie sich danach anders verhalten?

Gott, danke, dass du mir mein eigenes kindisches Verhalten gezeigt hast. Danke, dass meine Kinder ein Spiegelbild von mir sind: mit allem Guten, Schlechten und Hässlichen. Hilf mir, nicht nur zu vergeben, sondern auch zu vergessen und lieber auf alles Gute in meiner Familie zu schauen. Amen.

Schöne Glatze ...

Darum sage ich euch: Sorgt euch nicht um euer tägliches Leben – darum, ob ihr genug zu essen, zu trinken und anzuziehen habt. Besteht das Leben nicht aus mehr als nur aus Essen und Kleidung? Schaut die Vögel an. Sie müssen weder säen noch ernten noch Vorräte ansammeln, denn euer himmlischer Vater sorgt für sie. Und ihr seid ihm doch viel wichtiger als sie.
– Matthäus 6,25-26

Ich habe einen Brief wiedergefunden, den ich an meine Tochter Lucy geschrieben habe, als sie fünf Monate alt war:

Lieber Junikäfer,

du und ich, wir bekommen beide eine Glatze! Wir sitzen im selben Boot. Wir sind beide mit vielen Haaren und einem coolen »Irokesen« auf die Welt gekommen. Du hast deinen noch, aber der Rest deines Kopfes leidet ein bisschen. Du bist zwar immer noch meine Schönheitskönigin, aber mein Schatz, deine Haare sehen aus wie eine Kreuzung aus Albert Einstein und einem verrückten

Professor! Du hast so viele Haare verloren, dass wir dir bald eine Alte-Männer-Überkämmfrisur verpassen müssen!

Ich verliere gerade beim Haarewaschen händeweise Haare. Meine Hormone laufen Amok! Das geht mir ziemlich an die Nieren, und ich renne immer wieder mit einer Handvoll Haare aus dem Bad und schreie deinen Papa an: »Schau dir das an! Ich kriege eine Glatze! Der Himmel stürzt ein! Der Himmel stürzt ein!« Ich weiß, ich klinge wie eine Wahnsinnige, aber ich glaube, jeder versteht, dass Haare etwas heiß Begehrtes sind und dass wir gern so viel wie möglich davon behalten wollen. Ich habe gelesen, dass es vielen Müttern ganz genauso geht, aber ich dachte, mir passiert das nicht. Ich hasse das Unbekannte. Ich hasse es, nicht zu wissen, ob und wann meine Haare je aufhören, massenweise auszufallen.

Doch das eine, was mich bei dem ganzen Haarausfalldrama zum Lachen bringt, ist, dass dir die Sache wie immer völlig egal ist. Je besser ich dich und dein unbekümmertes Wesen kennenlerne, umso mehr bemühe ich mich, wie du zu sein. Du lächelst, wenn du satt bist, und nach einem schönen langen Nickerchen wachst du auf und bist bereit, der Welt zu begegnen. Es ist ganz egal, ob du deinen Lieblingsschlafanzug anhast (den vor dir schon jemand anderes anhatte) oder so ein lächerliches, paillettenbesetztes Teil, das dir deine Mutter aufgezwungen hat – du weißt trotzdem, dass du ein Star bist. Ich bete, dass du nie diese Einstellung verlierst. Ich will nicht, dass die Welt und ihre sämtlichen Modezeitschriften dir einreden, dass du in irgendeiner Hinsicht unvollkommen bist. Gott hat dich wunderbar gemacht, und ich will nicht, dass du eines Tages von der Schule mit der Idee heimkommst, dein Körper sei nicht makellos. Ich glaube, mir würde das Herz brechen, wenn ich dich jemals traurig sähe. Mir ist egal, dass deine Oberschenkel prall und rund sind. Du hast so herrliche Speckröllchen am Bauch, in die jeder einfach nur hineinbeißen will. Ich frage mich, ob dich das stört. Ich glaube, mir würde es nicht gefallen, wenn mir jemand in den Bauch beißt ...

Was ist dein Geheimnis, Lucy? Darf ich nur für einen Tag in deine Welt kommen? Darf ich die Sorgen um meine dicken Oberschenkel beiseiteschieben und mich zu dir ins Kinderbettchen legen, das Winnie-Puuh-Mobile anschauen und sanft in ein friedliches Traumland entschweben? Vielleicht sollte ich den Versuch aufgeben, mich in sexy Unterwäsche und enge Jeans zu zwängen und einfach den ganzen Tag Schlafoveralls aus Flanell tragen? Ich werde mal deinen Papa fragen, was er davon hält. Es ist ja nicht so, als würde er versuchen, sich in enge Jeans oder sexy Unterwäsche zu zwängen. ('Tschuldigung für das Kopfkino.)

Ich glaube, wenn ich fünf Monate alt wäre und niemand mir erzählen würde, dass man unbedingt Haare braucht, könnte ich ein bisschen entspannter sein. Ich staune jeden Tag, wenn ich sehe, wie du die großen Herausforderungen des Lebens in völligem Frieden angehst.

Ich hab dich lieb!
Deine Mama

Das Ende der Geschichte ist, dass ich meine dicken Oberschenkel wieder verlor und Lucy auch. Ich bekam alle meine Haare zurück, und sie waren schöner als je zuvor. Ich sah so gut aus, dass ich noch einmal schwanger wurde – mit Lucys Schwester. Und da bin ich heute, mit dicken Oberschenkeln und ausfallenden Haaren, renne durchs Haus und rufe: »Papa, der Himmel stürzt ein! Der Himmel fällt runter … und meine Haare auch!« Wann werde ich es endlich lernen, es lockerer zu nehmen und mehr wie meine Kinder zu sein? Lucy geht an Herausforderungen immer noch gelassen heran. Sie hat so viel Selbstvertrauen, dass sie an den meisten Tagen meint, sie könne fliegen. Vielleicht kann sie das. Daran würde ich nicht zweifeln.

Ich nehme an, Gott hat diese Kinder in mein Leben geschickt, damit ich von ihnen lerne. Sie sind wie die Spatzen, von denen Jesus sprach, die sich keine Sorgen machen, was sie essen, trinken oder anziehen. Sie wissen immer, dass für sie gesorgt ist, und sie verlieren nie *alle* ihre Federn.

Zum Nachdenken ...

1. Was ist ein Punkt, um den Sie sich Sorgen machen,
den Sie aber gern an Gott abgeben würden?
2. Was würde Ihnen helfen, den Ballast abzuwerfen,
den Sie tagtäglich mit sich herumtragen? Welche Schritte
in diese Richtung können Sie unternehmen?

Lieber Gott, bitte hilf mir, mehr wie ein Spatz zu sein
und daran zu denken, um wie viel wertvoller ich für
dich bin. Erinnere mich daran, dass alle Haare auf meinem Kopf gezählt sind. Hilf mir, mehr wie meine Kinder
zu sein und mich nach einem schönen, langen Nickerchen
ausgeruht und bereit zu fühlen, den Tag anzugehen.
Und Gott, kannst du mir bitte, wenn möglich, mehr
Zeit für Nickerchen schenken? Oder überhaupt Zeit für
Nickerchen? Amen.

ZEHN DINGE, DIE MAN BEIM STILLEN TUN KANN

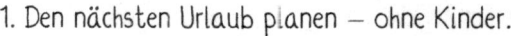

1. Den nächsten Urlaub planen — ohne Kinder.

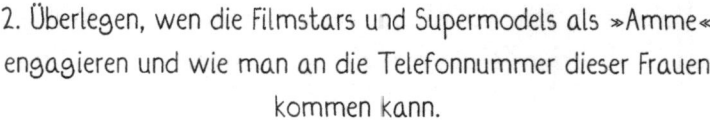

2. Überlegen, wen die Filmstars und Supermodels als »Amme« engagieren und wie man an die Telefonnummer dieser Frauen kommen kann.

3. Gott fragen, warum, wenn die Frauen schon die Babys bekommen müssen, Männer nicht wenigstens das Stillen übernehmen können?

4. Das Minutenspiel spielen: Die Augen schließen und ausprobieren, ob man es schafft, sechzig Sekunden lang nicht nach der Uhr zu linsen.

5. Sich daran erinnern, wie es war, winzige Spitzen-BHs zu tragen, und überlegen, auf welche Weise die Brüste später wohl wieder in Form zu bringen sind.

6. An all die Aufgaben im Haushalt denken, die noch erledigt werden müssen, und sie nacheinander laut dem Ehemann zurufen, wobei man jeden Satz mit den Worten beginnt: »Schatz, während ich dein Kind stille, könntest du bitte ...«

7. Wichtige geschäftliche Telefonate erledigen, weil dies die einzige Zeit ist, in der das Baby ruhig ist.

8. Zu der Erkenntnis kommen, dass der Traum von einer Karriere als Balletttänzerin wahrscheinlich ausgeträumt ist – und sich nichts daraus machen. In diesen Leggings würde man sowieso erfrieren.

9. Sich schwören, niemals oben ohne am Strand zu liegen – und sollte er noch so einsam sein.

10. Liebevoll das Baby anschauen und sich vornehmen, es den Rest seines Lebens wöchentlich daran zu erinnern, welche Opfer man als Mutter für es gebracht hat und dass es einem eine Menge schuldet!

Stille Zeit für Mütter

Seid still und erkennt, dass ich Gott bin.
— Psalm 46,11[1]

Ein Ziel, das ich nie ganz erreicht habe, ist, die Kunst der »Stillen Zeit mit Gott« zu meistern. Ich kenne Frauen, die so organisiert und glücklich wirken, als hätten Jesus und die Engel höchstpersönlich sie mit Lobpreismusik geweckt. Wenn ich sie nach ihrem Geheimnis frage, antworten die meisten von ihnen: »Stille Zeit mit Gott.« Manche von ihnen sagen auch: »Valium.« Darüber will ich nicht urteilen.

Ich habe es mit dieser »Stillen Zeit« versucht, die sich so schwer umsetzen lässt. Mag ja sein, dass dies die einzige Zeit ist, in der ich rein äußerlich nicht in fünfzig verschiedene Richtungen gezerrt werde – doch das sind nicht meine besten Momente. Ich bin gereizt, weil ich meistens mit irgendwelchen Schmerzen aufwache, die von einer albernen neuen Sportübung stammen, die ich ausprobiert habe. Ich schlafe noch halb, weil ich in der Nacht dreimal aufgewacht bin, ohne guten Grund, außer dass meine Hormone im Ungleichgewicht sind oder die Kinder unruhig waren und etwas zu trinken brauchten.

---

[1] Nach Schlachter 2000.

Neben meinem Bett liegen:

1. Die Bibel, die ich seit der dritten Klasse besitze.
2. Die Bibel in Romanform.
3. Zwei Bücher über ein erfüllteres Leben in Christus.
4. Ein Buch darüber, wie wichtig eine betende Mutter/ein betendes Elternteil ist.
5. Vier Zeitschriften.
6. Eine Art Bandage, die ich eigentlich tragen wollte, um einen flacheren Bauch zu bekommen.
7. Ein Tagebuch für Mütter, in das man jeden Tag nur einen Satz zu schreiben braucht. Ich habe seit sechs Monaten nichts mehr aufgeschrieben.
8. Mein CD-Spieler mit Lobpreismusik.
9. Zwölf Blätter mit täglichen Gebeten, die ich für meine Familie beten soll.
10. Mein Smartphone, auf dem ich vier Bibel-Apps habe, aber vor allem meine E-Mails und Facebook.

Wollen Sie mal raten, wonach ich zuerst greife? Ja, zu Nummer 10! Und wenn Sie mich jetzt schrecklich finden, legen Sie am besten das Buch weg und lesen Sie etwas anderes. Okay, und für den Rest von uns frommen Schwächlingen: Versuchen wir mal gemeinsam, die Sache genauer zu betrachten.

Meine »Stille Zeit« scheitert nicht daran, dass ich es nicht versuche. Ich kann einfach nicht den Lärm in meinem Kopf abschalten. Ich nehme die Bibel zur Hand und beginne zu lesen. In einem Kapitel über König David fällt mir ein, dass Lucy bald zum Spielen bei David Gurman eingeladen ist und wir noch ein Geburtstagsgeschenk für seinen Bruder kaufen müssen. Dann ist die mentale Achterbahn in Fahrt und ich versuche, zu meiner täglichen Andacht zurückzukehren. Ich ziehe ein Gebet hervor, fange an, meine Familie unter das Blut Christi zu stellen … bis mir einfällt, dass ich über Nacht eine Ladung Wäsche in der Waschmaschine vergessen habe, und ich überlege, ob ich den ganzen Haufen noch mal waschen muss. Inzwischen braucht mich eins meiner Kinder, und ich habe erst für die Hälfte meiner Familie gebetet, bevor ich aufstehen muss. Ich bete, dass Gott mir durch den Tag hilft. Ich danke ihm, dass ich am Leben und gesund bin. Ich gebe mir wirklich Mühe, für die Personen auf meiner Gebetsliste zu beten, besonders für die, denen ich es versprochen habe, und für alle anderen, die mir einfallen. Ich denke an meine Freundin Janine in Afrika, die buchstäblich Babys aus Mülleimern rettet. Auf meinem Telefon schaue ich mir die Bilder ihrer hübschen Babys an, und für einen Augenblick werde ich still und Gott legt mir ans Herz, für dieses Kind zu beten, das allen unüberwindlichen Schwierigkeiten zum Trotz überlebt hat. Ich bete für Janine und ihre Mitarbeiter und danke Gott für ihre selbstlose Hingabe an diese Kinder. Außerdem danke ich ihm, dass meine Kinder nicht in einem Müllcontainer liegen.

Als ich ins Zimmer der Mädchen komme, werde ich vom breiten Lächeln meiner kleinen Tochter Ruby Joy empfangen. Mein Gebet endet nicht richtig, es wird nur lauter über allem Kichern und morgendlichen Trara. Vielleicht ist es doch gar nicht so schlimm, und vielleicht sieht Gott mehr auf mein Herz als darauf, wie akkurat meine »Stille Zeit« abläuft. Ich rede den ganzen Tag über mit ihm und bete immer, wenn jemand Fürbitte braucht.

Wenn ich es mir also recht überlege, ist meine »Stille Zeit« vielleicht etwas lauter als bei anderen, aber ich liebe Gott von ganzem Herzen. Ohne ihn würde ich es nicht durch diesen Mutterschafts-Dschungel schaffen. Und eines Tages, wenn meine Kinder aus dem Haus sind und mich niemand kreischend weckt, werde ich still mit meiner Bibel dasitzen und laut losschreien: »Goooott, ich vermisse meine Kinder und das Chaos!«

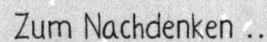 

Zum Nachdenken ...

1. Wie sieht Ihre tägliche Routine aus?
Wie viel davon ist Zeit, die Sie mit Gott verbringen?
2. Würden Sie gern etwas verändern? Bitten Sie
Gott um Hilfe dafür.

Herr, danke, dass du mein Herz anschaust und weißt, dass es aufrichtig ist. Danke, dass du mich erschaffen hast, um dich auch im Chaos zu loben, und dass ich mich immer an dich wenden kann, wenn ich Wegweisung brauche. Amen.

Lügen, die mir meine Tochter aufgetischt hat

Lügenmäuler sind dem HERRN ein Gräuel; die aber
treulich handeln, gefallen ihm. – Sprüche 12,22[2]

Neulich sagte Lucy zu mir: »Mami, willst du mal hören, welches
Lied ich singe, wenn ich Angst habe?« Und dann schmetterte
sie dieses entzückende, kreative Lied über flauschige Katzen und
Zuckerstangen und andere Dinge, die Schmerzen lindern.

Ich sagte: »Lucy, das ist wunderbar! Wo hast du das denn gelernt?«

»Das hab ich mir ausgedacht!«, erwiderte sie.

Sofort begann ich, ihr Vorsingen bei einer Talentshow zu
planen, und bereute, dass ich sie im Alter von sechs Jahren noch
keinen Klavierunterricht nehmen ließ. Vielleicht ist es nun
schon zu spät.

Heute Morgen, als Lucy nicht da war, schalteten Ruby und
ich den Fernseher an, um ein paar Trickfilme zu schauen. Ich
sah einen animierten Jungen, der sang: »*Fluffy Cats and Candy
Canes and Other Things to Ease My Pain* ...« – Flauschige Katzen und Zuckerstangen? Erst überlegte ich, wie es sein konnte,

---

[2] Nach Luther 1984.

dass dieser Junge Lucys Lied gestohlen hatte, doch dann setzte mein Verstand wieder ein. Die Kleine hatte mich angelogen! Ich konnte es kaum glauben. Aber Moment mal, wem mache ich was vor? Das ist das gleiche Kind, das im Alter von zwei Jahren ein Glas Wasser in sein Töpfchen gegossen und gesagt hatte: »Da, Mama, ich Pipi macht! Schoki haben!«

Dann, mit drei Jahren, als ihr Vater sie ermahnt hatte, sie sollte nicht in die Hosen machen, hatte sie beim Trampolinspringen ein kleines Missgeschick. (Soll ich ihr da Vorwürfe machen? Ich habe zwei Kinder geboren und kann auch nicht Trampolin springen, ohne ein Missgeschick zu haben.) Ihr Vater war sauer und fragte sie: »Lucy, was ist passiert?«

Darauf Lucy: »Papa, da war eine große Regenwolke, und die kam und hat mich in den Po getreten!« Ron musste so lachen, dass er nur noch sagen konnte: »Das ist das letzte Mal, dass du mit Regenwolken spielen darfst.«

Manchmal ist es für Eltern schwer, ernst zu bleiben. Sosehr ich mich auch ärgere, wenn sie lügt, fallen mir doch immer wieder Szenen aus meiner eigenen Kindheit ein. Einmal, als ich in der Vorschule war, erfuhr meine Mutter bei einem Elternsprechtag, dass ich allen erzählt hatte, sie würde eine Limousine fahren und wäre meine Chauffeurin.

In der dritten Klasse erzählte ich allen, dass ich mit dem Schauspieler John Schneider gehe, weil auf seinem Autogrammfoto, das mir meine Großmutter geschenkt hatte, stand: »Für Kerri, in Liebe!« Das war ein Kinderspiel im Vergleich zu der Sache mit Corey Feldman ... Ich überzeugte meine gesamte Mittelschule davon, dass mein Vater mich mit dem Schauspieler Corey Feldman (aus dem besten Film aller Zeiten, *Die Goo-nies*) verkuppelt hatte und dass er zu meiner Geburtstagsfeier kommen würde! (Nebenbei bemerkt: Ich habe Corey Feldman fünfzehn Jahre später tatsächlich kennengelernt, als er zur Party anlässlich meiner ersten Buchveröffentlichung kam.)

Was soll ich nur gegen diese Lügenepidemie machen? Ich will nicht, dass sie nach einem Leben als Schwerverbrecherin im Gefängnis landet! Ich betete mit meiner Tochter, bestrafte sie und sagte ihr, Lügen sei das Schlimmste überhaupt. Aber es scheint ihr so leichtzufallen. Habe ich sie genetisch für ein Leben als »Lügenkind« vorbelastet? Ist das normal?

Ich habe keine Antworten darauf, und ich weiß, dass Lügen eine Sünde ist. Wahrscheinlich besteht das Muttersein aus einer Herausforderung nach der anderen. Ich weiß nicht, warum ich immerzu hoffe, dass wir schon alle hinter uns haben – obwohl sie erst sechs ist.

Als ich sie danach fragte, sagte sie zu mir: »Mami, das Missverständnis tut mir leid, aber die Zeile mit den Pusteblumen und der Eiscreme war von mir. Also habe ich doch wenigstens einen Teil des Liedes geschrieben!« Sie ist gut. Sie ist wirklich gut. Eines Tages wird mal eine tolle Rechtsanwältin aus ihr!

Zum Nachdenken …

1. Hatte Ihr Kind auch eine Phase, in der es gelogen hat? Wie lange dauerte ciese Phase und wie sind Sie damit umgegangen?
2. Hat Ihr Kind gerade eine schwierige Phase, und Sie wissen nicht, wie Sie der Sache ein Ende setzen sollen? Bitten Sie Gott, dass er Ihnen eine kreative Strategie zeigt.

Lieber Gott, ich weiß nicht, wie ich heute mit meinem Kind umgehen soll. Kannst du mir bitte helfen, die richtigen Worte zu finden, die sein Herz erreichen? Kannst du mir helfen, es in Liebe zu bestrafen, aber auch ein festes Fundament deiner Wahrheit zu legen? Ich habe keine Ahnung, wo ich anfangen soll; deswegen brauche ich deine Hilfe. Ich weiß, dass du mir die nötigen Antworten schenken wirst. Das machst du immer. Amen.

Mamis Superkräfte

Ich selbst werde euch trösten, wie eine Mutter
ihr Kind tröstet. – Jesaja 66,13

Einer der Vorzüge, Mutter zu werden, ist, dass man Superkräfte bekommt. Niemand erzählt einem vorher davon. Ich glaube,
es ist eine Art Belohnung dafür, dass man die Schwangerschaft
und Geburt überlebt hat. Ein gutes Beispiel dafür beschreibe ich
in einem Brief an meine Tochter Lucy, den ich kurz nach ihrer
Geburt geschrieben habe.

Liebes Käferchen,

du warst heute so traurig und hast herzzerreißend
geweint. Die Leute meinten, du bekommst Zähne oder
dir fehlt sonst irgendetwas. Ich weiß nur: Als ich dir
meinen kleinen Finger in den Mund steckte, hast du
dich gleich damit zufriedengegeben und dann mit aller
Kraft daran gesaugt. Du hast mich angelächelt, als
wolltest du sagen: »Danke, Mama!«, und dann hast du
glückselig die Augen zugemacht und bist ins Traumland entschwebt. Jetzt weiß ich, dass ich in meinem

kleinen Finger Superkräfte habe. Ich kann alles besser machen. Wenn ich nur diesen »Superfinger« behalten könnte, sodass er dir auch noch dann hilft, wenn dein erster Freund mit dir Schluss macht, wenn die anderen Mädchen dich beim Sport nicht in ihre Mannschaft wählen oder wenn du mit den vielen anderen entsetzlichen Dingen konfrontiert bist, die, fürchte ich, noch kommen werden. Ach, es kann so schwer sein. Das weiß ich aus eigener Erfahrung.

Wahrscheinlich wirst du mit meinem Sinn für Humor gesegnet sein, der manchmal schon als »unangemessen« oder »unerträglich« bezeichnet wurde. Damit wirst du Schwierigkeiten bekommen. Die Faustregel, mein Schatz, lautet: »Manchmal sind Sachen in unserem Kopf sehr lustig, aber wir müssen sie nicht alle laut sagen!« Ich schaue dir beim Schlafen zu und gebe dir einen Kuss auf die Stirn, und ich wünschte, ich könnte für die nächsten zwanzig Jahre meine Lippen an deiner zarten Stirn lassen. Ich frage mich, ob meine Mutter für mich die gleichen Gefühle hatte. Ich frage mich, ob sie dachte, dass ihre Küsse mir in meinen Kinder- und Jugendjahren Heilung bringen könnten. Ich weiß, nichts ist genau so wie die Umarmung oder die ermutigenden Worte einer Mutter, selbst heute noch. Ich glaube, deswegen sehnen sich viele Töchter noch als Erwachsene danach, von ihren Müttern die Worte zu hören: »Ich bin so stolz, dass du meine Tochter bist!«

Du, mein Schatz, wirst immer mein kleines Baby sein. Ich werde mir immer wünschen, für dich da sein zu können, um die schlimmen Dinge in dieser Welt verschwinden zu lassen. Ich werde meinen kleinen Finger, meine Lippen, meinen Verstand, oder, wenn nötig, meinen ganzen Körper einsetzen, um dich vor Schaden und Kummer zu schützen. Ich wünschte, meine Küsse könnten Schutzschilde sein, die verhindern, dass dir jemals wehgetan wird. Ich will nur, dass du weißt: Solange ich kann und solange ich auf dieser Erde bin, werde ich dich immer wieder küssen und dir selbst ausgedachte Schlaflieder singen (weil ich von den richtigen Schlafliedern den Text nicht kenne). Ich werde immer wieder mit dem Auto rechts ranfahren, um nachzuschauen, ob du noch atmest, wenn du ganz still bist. Ich werde dich weiterhin auch noch um drei Uhr nachts in den Armen wiegen und alles tun, was ich kann, um deine Tränen zu trocknen. Auch dann noch, wenn du schon dreiunddreißig bist.

In Liebe,
deine Mama

Ich habe mich sehr gefreut, als ich diesen Brief wiederfand, denn – so kitschig es auch klingt – es stimmt immer noch. Ich habe noch meine »Mami-Superkräfte«, wenn meinen Kindern etwas fehlt. Niemand kann ein Pflaster besser auf eine Wunde kleben als ich, weil ich es mit einem Gebet versiegle. Niemand kann einen Kummer besser wegküssen als ich. Niemand kann sie bei einem Theaterstück in der Schule oder bei einem Fußballspiel lauter anfeuern, so dass ihre Gesichter aufleuchten wie ein Weihnachtsbaum. In vielerlei Hinsicht halten wir den Schlüssel zum Herzen unserer Kinder in der Hand, und zwar nicht nur, wenn sie Babys sind.

Selbst heute als Erwachsene will ich, wenn ich gute Nachrichten bekomme, von meiner Mutter die Worte hören: »Gut gemacht!« Wenn meine Mutter über etwas enttäuscht ist, will ich es sofort in Ordnung bringen.

Ich wünsche mir, dass meine Kinder Gott gegenüber ebenso empfinden. Sie sollen wissen, dass Gott sie noch mehr anfeuert als ich. Und sie sollen Gottes unendliche Liebe kennen. Ich glaube, ich habe nicht begriffen, was bedingungslose Liebe ist, bis ich Mutter wurde – und selbst diese Liebe ist nicht einmal in der gleichen Stratosphäre wie Gottes bedingungslose Liebe. Ich verstehe, dass nichts, was ich tue, mich jemals von Gottes Liebe trennen kann. Er liebt mich, weil er mich liebt, weil er mich liebt.

Zum Nachdenken ...

1. Fällt Ihnen ein Augenblick mit Ihren Kindern ein,
in dem Sie das Gefühl hatten, »Mami-Superkräfte« zu besitzen,
und dass niemand anderes sie trösten konnte als Sie?
2. Was haben Sie dabei empfunden?

Lieber Herr, danke für deine bedingungslose Liebe. Hilf
mir, so zu lieben, wie du liebst, selbst wenn die Kinder
mit einem lila Filzstift an die Wand schreiben oder eine
ganze Rolle Toilettenpapier die Toilette hinunterspülen.
Gib mir die Geduld und das Verständnis, das du mir so
bereitwillig entgegenbringst. Hilf mir, eine bessere Ehefrau und Mutter für meine Familie zu sein. Amen.

ZEHN ZEICHEN, DASS SIE ALS MUTTER
EINEN FREIEN ABEND BRAUCHEN

1. Sie denken, die Sache mit dem Bad am Samstagabend gilt für die Kinder ebenso wie für Sie, und Sie überlegen tatsächlich, ob Sie mit in die Wanne steigen sollen, nur um Zeit zu sparen.

2. Ihre Friseurin denkt, Sie sind gestorben, weil sie Sie nicht mehr gesehen hat, seit Sie schwanger geworden sind.

3. Ihre Körperbehaarung fängt an, »natürlich« auszusehen (Rasieren wird überbewertet!).

4. Der letzte Film, den Sie im Kino gesehen haben, war »E-Mail für dich« mit Meg Ryan.

5. Die einzige Zeitschrift, die Sie in den letzten fünf Jahren gelesen haben, ist die Kinderzeitschrift »Sesamstraße«, und Ihrer Meinung nach ist das eine Klatschzeitung.

6. Wenn Sie beim Pizzaservice anrufen, kennt man dort Ihren Namen und erkundigt sich, wie es Ihren Kindern geht.

7. Ihre Kinder haben das Zimmer verlassen, aber Sie starren immer noch auf den Fernseher, weil Sie wissen wollen, ob die kleine Heldin sicher ihr Ziel erreicht hat.

8. Alle Hosen in Ihrem Kleiderschrank wurden durch Jogginghosen ersetzt – und Sie haben kein Problem damit.

9. Sie tragen einen Still-BH ... obwohl Sie vor einem Jahr aufgehört haben zu stillen.

10. Ganz einfach, weil Sie eine tolle Mutter sind und einen freien Abend verdient haben!

Frauenfilme und Happy Ends

Ob ich nun wenig oder viel habe, ich habe gelernt,
mit jeder Situation fertigzuwerden: Ich kann einen
vollen oder einen leeren Magen haben, Überfluss erleben
oder Mangel leiden. Denn alles ist mir möglich durch
Christus, der mir die Kraft gibt, die ich brauche.
— Philipper 4,12-13

Als ich noch Single war, habe ich ein Buch geschrieben, in dem ein Kapitel die Überschrift trug: *Warum ich keine Frauenfilme schaue.* Darin erklärte ich, warum solche Filme schlecht für Frauen sind.

Ich schrieb, dass diese Filme unserer Gesellschaft schaden, weil sie Beziehungen unrealistisch darstellen. Diese Filme haben bei mir außerdem zu schweren Schokokeks-Anfällen geführt. Im echten Leben gibt es kein Happy End nach neunzig Minuten. Mich hat auch noch nie ein Mann in einer Pferdekutsche um ein Rendezvous gebeten.

Allerdings habe ich mich in einen Mann verliebt, der mir Schokokekse anbot! Ich habe geheiratet und bin in einem hübschen weißen (geliehenen) Kleid zum Altar geschritten. Das hat keine neunzig Minuten, sondern zweiunddreißig Jahre gedauert.

Doch heute Abend, nach einem langen, ermüdenden Tag, an dem ich ständig meinen Kindern hinterhergerannt bin und gefühlte 343 Ladungen Wäsche versorgt habe, bin ich irgendwie mit *E-Mail für dich* versackt. Die Hauptdarsteller in diesem Film sind die beliebten Frauenfilm-Stars Tom Hanks und Meg Ryan. Ja, ich bin von der alten Schule. Meg war d e absolute Romantikerin. Am Ende des Films finden Tom und Meg heraus, dass sie wirklich füreinander bestimmt sind, und wenn sie sich umarmen, ist es um mich geschehen. Ich habe die gleiche Gänsehaut wie damals, als ich diesen kitschigen Film zum ersten Mal sah, und mir läuft die gleiche Träne über die linke Wange wie damals. Ich freue mich einfach so für Meg, denn sie war einsam, und dann fand sie ihre wahre Liebe. Gott segne sie! Diese Szene geht mir jedes Mal zu Herzen.

Was ich damit sagen will, ist, dass wir diese Filme nicht einfach abschaffen können, denn – ob es uns gefällt oder nicht – wir brauchen sie. Ja, ich hab's gesagt! Wir leben in einer verbitterten, sarkastischen Welt voller Krankheit, Finanzkrisen und Krieg. Doch manche von uns wollen trotzdem noch an ein Happy End glauben. Ist es so falsch, das zuzugeben? Ich wuchs mit Fantasien darüber auf, wodurch meine Träume in Erfüllung gehen würden. Heute Abend staune ich darüber, was echte Zufriedenheit ist. Ich glaube, ich kann ehrlich sagen, dass ich zufrieden bin.

Vor einigen Jahren machte ich eine schwere Phase durch: Die Liebe meines Lebens, mein Mann, kämpfte gegen eine schwere Krankheit an. Für eine Weile war mein Kuschelbär, mein liebster Filmkumpel, mein bester Freund nicht zu Hause, und ich habe eine neue Perspektive darauf gewonnen, was ein *Hap-*

py End wirklich ist und was »in guten wie in schweren Zeiten« wirklich bedeutet.

Mein Leben ist vielleicht keine romantische Komödie und statt einem Soundtrack mit Orchestermusik gibt es Kinderlieder. Statt leidenschaftlicher Sexszenen gibt es in meinem Leben Szenen mit mir, meinem Mann, einer ganzen Staffel *Downton Abbey* auf DVD, Schokoeis und stundenlangem Kuscheln auf unserer großen, kuscheligen roten Couch. Ich habe einen Mann geheiratet, der *Downton Abbey* mag ... da habe ich doch schon mein Happy End! Ich will gar keinen Tom Hanks oder Tom Cruise; ich bin wahrhaft zufrieden mit dem Mann, den Gott mir geschenkt hat. Ich bin wahrhaft glücklich mit unserer kleinen Welt. Sie ist alles andere als perfekt, und manchmal, wenn wir streiten, klingt das mehr nach einem schlechten Fernsehfilm, aber wir kommen zurecht.

Statt also mit Bitterkeit im Herzen Meg Ryan spielen zu sehen, kann ich ihr Abenteuer genießen und merken, dass ich weder mit ihr noch mit einer der Figuren, die sie spielt, tauschen möchte. Ich genieße es, den Außenseiter anzufeuern, und manchmal gefällt es mir, für ein paar Stunden in das Leben eines anderen zu fliehen. Das ist vielleicht kitschig, aber ich finde es schön. Es ist ein Hobby, und für mich ist es besser, als Erinnerungsalben zu basteln oder zu wandern (um Himmels willen!). Ich bevorzuge Aktivitäten, bei denen ich nebenher auf der Couch essen kann.

Ein großer Teil meiner Zufriedenheit im Leben rührt daher, dass ich Mutter sein darf. Tausende Frauen würden ihren rechten Arm hergeben, um ein Baby zu haben, dem sie abends einen Gutenachtkuss geben können. Diesen Segen möchte ich nicht als selbstverständlich betrachten. Ich bin Mutter, und das kann mir niemand nehmen. Es ist ein Teil meines Happy Ends, und der Rest entfaltet sich täglich vor meinen Augen.

Ganz gleich, vor welchen Problemen Sie gerade stehen: Ich möchte Sie ermutigen, nach den Happy Ends in Ihrem Leben zu suchen. Das Leben ist kurz. Bitten Sie Gott, Ihnen eine Perspektive zu schenken, statt die Lügen zu glauben, dass Ihr Leben nicht gut genug ist. Falls Gott Ihnen die größte Ehre überhaupt hat zuteilwerden lassen und Ihnen die Verantwortung für ein Menschenleben anvertraut hat, ist das genug, um auf die Knie zu gehen und ihm zu danken. Wenn Sie am Leben sind und wissen, dass Sie eines Tages in den Himmel kommen werden, ist das genug, um echte Freude zu verspüren – und nicht die Art von Freude, die für Filme erfunden wird und die vorbei ist, sobald der Abspann läuft. Ich weiß, das Leben ist nicht leicht, doch wir haben die Möglichkeit, mitten in unserem Leben, wie es ist, unser eigenes »Happy End« zu finden.

Zum Nachdenken ...

1. Schauen Sie sich gern Frauenfilme an?
Welchen mögen Sie am liebsten und warum?
2. Können Sie Ihr Leben, so, wie es gerade ist, als
Happy End betrachten? Wenn nicht, warum nicht?

Lieber Gott, danke, dass du Eiscreme und Romantik erschaffen hast. Hilf mir bitte, mitten in meinem verrückten Alltag die Happy-End-Momente zu sehen. Hilf mir, diese Tage nicht als selbstverständlich zu betrachten, denn ich weiß, dass sie nur allzu schnell vergehen werden. Amen.

Armes zweites Kind

Seht, wie viel Liebe unser himmlischer Vater für uns hat,
denn er erlaubt, dass wir seine Kinder genannt werden –
und das sind wir auch! Doch die Menschen,
die zu dieser Welt gehören, kennen Gott nicht;
deshalb verstehen sie auch nicht, dass wir seine Kinder sind.
— 1. Johannes 3,1

Wenn Sie eine Mutter mit nur einem Kind sind, weiß ich eines über Sie: Sie lesen dieses Andachtsbuch, weil Sie das Richtige tun wollen. Sie möchten Gott näherkommen und ein besseres Vorbild sein, und Sie haben schon während der Schwangerschaft Bücher gelesen, um sich auf das Geschenk des Mutterseins vorzubereiten. Darf ich Ihnen sagen, was passieren wird? Ihr eines, perfektes Kind wird perfekt bleiben ... bis es ungefähr sechzehn Monate alt ist, Ihre Wimperntusche als Fingerfarbe benutzt und Ihren Duschvorhang dekoriert. Dann wird es aus der Kindergottesdienstgruppe ausgeschlossen, weil es gebissen hat. Sie werden alle Ihre Bücher konsultieren und nur eine Lösung finden: Noch mal von vorn anfangen.

So wie ich werden Sie dann weitere Kinder bekommen und sich schwören, alles besser zu machen, gewissenhafter und aufmerksamer zu sein.

Und hier ist das Geheimnis, das Ihnen keiner verrät: Mit jedem Kind ist Ihnen Perfektion ein bisschen gleichgültiger. Ihre Gehirnzellen wurden Ihnen buchstäblich ausgesaugt und Sie haben sich um fünf Uhr morgens die Zähne mit Penatencreme geputzt – zweimal! Ihr nächstes Kind ist ein Spitzenkandidat für etwas, das scherzhaft »Zweites-Kind-Syndrom« genannt wird. Das ist ein Zustand, bei dem das zweite Kind nicht die gleichen Vorzüge genießt wie das erste … zum Beispiel essen.

Es bekommt kein Babyalbum. Sie werden ein Foto von Ihrem zweiten Baby nehmen und mit einem Bildbearbeitungsprogramm aufwendige Geburtstagspartys und den Eiffelturm in den Hintergrund montieren und hoffen, dass Ihr Kind Ihnen glaubt, dass all dies vor seinem zweiten Geburtstag stattgefunden hat.

Das zweite Kind ist keine Nervensäge. Es versucht nur zu überleben. Es wird einmal eine starke Persönlichkeit, weil es vom Augenblick seiner Geburt an um alles mit seinem älteren Geschwisterkind kämpfen muss – von der Zahnpasta bis zum letzten Kuchenstück (was es nie bekommen wird, bis das ältere Kind eine Kuchenallergie bekommt oder von zu Hause auszieht). Das zweite Kind wird klug. Es wird wissen, wie man das System manipuliert. Es wird alle Fehler sehen, die sein älteres Geschwisterkind gemacht hat, und ausgekochter sein, als Sie es ihm je zugetraut hätten.

Ein zweites Kind würde sich nie selbst die Haare schneiden, weil es Mamas Zorn am Tag vor den Schulfotos erlebt hat. Ein zweites Kind ist umsichtiger, weil es weiß, dass eine Umarmung für Mama zur rechten Zeit – nachdem sie das ältere Kind bestraft hat – immer eine gute Idee ist. Ein zweites Kind bildet sich von klein auf, weil es gleich nach der Geburt anfängt, *Die Sendung mit der Maus* zu schauen. Ein zweites Kind wird voll weltlicher Weisheit sein, weil die Zeit, die es vor dem Fernseher verbringt, den Umstand ausgleicht, dass Sie das erste Kind bis zu seinem dritten Lebensjahr nicht einmal in die Nähe des Fernsehers gelassen haben. Genau genommen wird das zweite Kind alle möglichen Fernsehfilme und Kochsendungen zusammen mit Ihnen anschauen … weil es sich völlig still unter der Couch versteckt und Sie vergessen haben, dass es da ist. Das zweite Kind ist eher trocken, weil es nicht mag, wenn seine nasse Windel über den Boden schleift. Das zweite Kind wird ohne Anspruchsdenken aufwachsen, weil jedes Kleidungsstück, das es besitzt, etwas Abgelegtes von seinem älteren Geschwisterkind ist, mit fehlenden Knöpfen und dem aufgedruckten Namen seines Geschwisterkindes.

Doch das zweite Kind wird auch fröhlich sein und wissen, wie es ist, wertgeschätzt zu sein, weil Mami beim zweiten Durchgang begreift, dass alles viel zu schnell geht. Sie werden Ihr Kind nicht drängen, laufen zu lernen, denn je länger es an einem Platz bleibt, umso leichter ist es zu finden. Sie werden es nicht drängen, »groß« zu werden, weil Sie die Zukunft gesehen haben … und sie ist unschön. Ein zweites Kind wird wissen, wie es ist, heiß und innig geliebt zu werden, weil es Mama, Papa und ein Geschwisterkind hat, die mit ihm kuscheln und es in den großen Momenten des Lebens anfeuern.

Es wird voller Staunen aufwachsen, weil die Leute daheim alles schon einmal erlebt haben und mehr als bereitwillig ihre

»Tricks« verraten. Ein zweites Kind ist ein Schatz für das Herz seiner Mutter und wird immer der oder die »Kleine« bleiben. Und von denjenigen, die verrückt genug für ein drittes Kind sind, will ich gar nicht erst anfangen. Ich wette, Sie wissen nicht einmal, wo es gerade steckt!

Zum Nachdenken …

1. Haben Sie aus den Erfahrungen mit Ihrem
ersten Kind etwas gelernt, das Ihnen beim zweiten
oder dritten geholfen hat?
2. Welchen Rat hätten Sie gern erhalten, bevor Sie Kinder
bekommen haben?

Lieber Gott, bitte hilf mir, meine Kinder gut zu erziehen, als Individuen und einzigartige kreative Wesen.
Bitte schenk mir die Energie, jedes einzelne Kind wertzuschätzen und allen zu vermitteln, wie sehr sie geliebt
sind. Und bitte schenk, dass meine Kleinen immer noch
mit mir kuscheln wollen, wenn sie neunundzwanzig
sind. Amen.

Ich bin nicht dick, ich hab's mit der Schilddrüse

Mit meiner Seele will ich den Herrn loben und das Gute
nicht vergessen, das er für mich tut. Er vergibt mir alle
meine Sünden und heilt alle meine Krankheiten.
– Psalm 103,2-3

Heute habe ich eine tolle Nachricht bekommen. Die Ergebnisse von meinem Schilddrüsentest sind da, und ich habe eine Unterfunktion! Wusste ich's doch, dass ich nicht einfach übergewichtig bin! Und jetzt habe ich endlich etwas, worauf ich es schieben kann. Die Symptome einer Schilddrüsenunterfunktion sind unter anderem Gewichtszunahme, Reizbarkeit, Müdigkeit und Stimmungsschwankungen. Das ist noch besser als PMS. Ich kann meinem Mann mit einem richtigen Bluttest vor der Nase herumwedeln, wenn er mich irgendwann ertappt, wie ich einen Stuhl durchs Fenster werfe. (»Hey, das ist eine *Krankheit*; ich bin völlig unberechenbar!«) Seit der Geburt meines zweiten Kindes kämpfe ich gegen ein paar überschüssige Pfunde an, und ich glaube, drei Jahre später zählen die nicht mehr als »Schwangerschaftsspeck«. Mein Problem ist, dass ich in Los Angeles lebe, wo ich ungefähr alle sechs Wochen gefragt werde, ob ich schwanger bin, nur weil ich keine Leggings in Größe 0 trage.

Ich habe einen ganz neuen Respekt vor Frauen, denen es schwerfällt abzunehmen. Ich hatte keine Ahnung, *wie* schwierig es ist. Auf die Warnungen, dass es mit über dreißig oder nach der Geburt von Kindern schwieriger wird abzunehmen, habe ich nie gehört, während ich zum Abendessen Bananen-Splits in mich hineinschaufelte. Ich habe alles versucht: Zumba, Yoga für Senioren (wir liegen eine Stunde herum und gehen dann ans Büffett) ... Ich habe mir sogar ein Laufband angeschafft – nachdem es zum Kleiderständer mutiert ist, haben wir es wieder abgeschafft. Jetzt will ich mir wieder eins zulegen, ein besseres, eines, das für mich läuft! Ich erinnere mich, dass meine Oma eine Maschine in ihrem Schlafzimmer hatte, die wie ein Trainingsband aussah und einem den ganzen Körper durchschüttelte, während man einfach nur dastand. So was brauche ich auch!

Der ganze Diätkram ist neu für mich, und bisher hat nichts geholfen. Vielleicht liegt es daran, dass ich in meine Grünkohl-Shakes immer Kakao und Schokosirup mache? Vielleicht liegt es auch daran, dass ich, wenn ich gestresst bin, abends um elf heimlich die Süßigkeiten meiner Kinder esse. Ich habe es mit Nahrungsergänzungsmitteln versucht, mit Folienwickeln, und sogar mit diesem verflixten Bauch-weg-Gürtel, der angeblich Kalorien verbrennen soll. Mit dem Gürtel habe ich mir nichts weiter geholt als einen Leistenbruch! Ich habe einfach keine Willenskraft. Ich liebe Essen. Und an die Feiertage will ich erst gar nicht denken. Zwischen November und Januar ist es absolut unmöglich abzunehmen! Es ist die Zeit des Übermaßes, und ich habe keinen »Aus-Schalter«. Partyessen ist herrlich, besonders, weil es in unbegrenzter Menge vorhanden ist und *nichts kostet!*

Heute Abend, als keiner hingeschaut hat, habe ich den gesamten Camembert-Dip und vier riesige Stücke Pfefferminzschokolade vertilgt! Ich habe reichlich locker fallende Feiertags-Outfits, die eine Menge Unschönes kaschieren.

Sie sollten unbedingt wissen, dass ich an Heilung glaube. Ich bin eine Gebetskämpferin, die fest daran glaubt, dass Gott uns allen Heilung versprochen hat. Psalm 103 ist mein Lebensmotto: »Er heilt alle meine [unsere] Krankheiten.« Wenn Sie Krebs hätten, würde ich dafür beten, dass er verschwindet – so wie ich es für meine Mutter getan habe. Wenn Ihnen ein Bein fehlen würde, würde ich beten, dass Sie ein neues bekommen (und wenn es das Letzte ist, was ich tue!). Aber aus irgendeinem Grund war die Sache mit der Schilddrüse wie eine Erleichterung für mich. Ich wusste, dass irgendetwas mit meinem Körper nicht stimmt, aber ich war zu beschäftigt, um zum Arzt zu gehen. Sind wir Frauen in dieser Hinsicht nicht schlimm? Ich hatte alle Symptome einer Schilddrüsenunterfunktion, und als der Test es bestätigte, habe ich nicht um Heilung gebetet, sondern vor meinen Freunden damit geprahlt, und wir haben zusammen über all unsere Symptome gejammert.

Warum glaube und kämpfe ich für andere um Heilung, aber wenn es um mich selbst geht, trage ich meine Diagnose stolz vor mir her? Ich habe darüber gebetet und es war, als sagte Gott zu mir: »Wessen Weisheit suchst du? Wie viel mehr Zeit hast du mit Internetrecherchen über deine Krankheit verbracht als mit meinem Wort? Warum hörst du mehr auf diese Internetseiten als auf meine Verheißung, dass ich *alle* deine Krankheiten heilen will?«

Wovor hatte ich Angst? Wem werde ich glauben? Und was werde ich dann tun? Wie weit lasse ich meinen Glauben reichen? Dies war nur ein Augenblick in meinem Leben, in dem mein Glaube auf die Probe gestellt wurde. Ich glaube, Gottes Heilung ist nicht nur heute für mich da, sondern immer und für jeden Bereich meines Lebens. Es war an der Zeit, den Worten Taten folgen zu lassen. Am besten sportliche Taten, damit ich gleich noch ein paar Kalorien verbrenne!

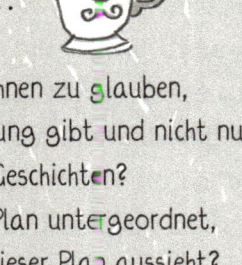

Zum Nachdenken ...

1. Wie schwer fällt es Ihnen zu glauben,
dass es auch heute noch Heilung gibt und nicht nur
in den biblischen Geschichten?
2. Haben Sie sich Gottes Plan untergeordnet,
unabhängig davon, wie dieser Plan aussieht?
Wie haben Sie sich dabei gefühlt?
War es schwer, Ihre Sorge und Angst loszulassen?

Lieber Gott, es tut mir leid, dass es Zeiten in meinem Leben gibt, in denen ich an dir zweifle. Ich glaube, dass deine Verheißungen mir gelten – und anderen. Bitte vergib mir meinen mangelnden Glauben und bitte hilf mir, mehr nach deinem Willen zu leben, damit ich mich vor nichts fürchte und um nichts sorge. Amen.

Vierzig!

»Meine Gedanken sind nicht eure Gedanken«, sagt der
Herr, »und meine Wege sind nicht eure Wege. Denn so
viel der Himmel höher ist als die Erde, so viel höher stehen meine Wege über euren Wegen und meine Gedanken
über euren Gedanken.« – Jesaja 55,8-9

Es ist passiert: Ich bin vierzig geworden. Mein Mann hat mir
eine riesige Party mit allem Drum und Dran geschmissen. Es
gab Schokolade, Berge von anderen Süßigkeiten und ein paar
Leckerbissen für die Erwachsenen wie Prosciutto-Schinken und
Melone. Es hat Spaß gemacht, und ein paar von uns haben bis
nach Mitternacht zu 80er-Jahre-Hip-Hop getanzt. Ja, wir sind
verrückt. Viele meiner Gäste waren auch schon auf der 80er-
Jahre-Kostümparty zu meinem dreißigsten Geburtstag gewesen.
Damals war ich noch Single und hoffte, meinen Märchenprinz
zu treffen. Leider passierte nicht mehr als ein langsamer Tanz
mit einem süßen Kerl in weißer Tenniskleidung. Er machte mir
Komplimente, fand das Gefängnis aber interessanter als die Kirche, und so endete das Ganze ziemlich schnell.

   Am Morgen nach meinem dreißigsten Geburtstag saß ich
in meiner Einzimmerwohnung in meinem Lieblings-Flanell-
schlafanzug und packte meine Geschenke aus – ganz allein. In

dem Jahr bekam ich viele Duftkerzen. Dreißig zu werden war ein Meilenstein in meinem Leben, und obwohl ich eine tolle Geburtstagsparty gehabt hatte, war ich schrecklich deprimiert. Ich hatte Gott jahrzehntelang angefleht, mir einen besonderen Menschen zu schenken, mit dem ich meine »Meilensteine« teilen konnte. Schon viel zu oft war ich Brautjungfer gewesen, aber meinen Seelenverwandten hatte ich nicht gefunden, und das deprimierte mich. Alle älteren Damen in der Gemeinde beteten für mich und wollten mir helfen, die bösen Geister zu vertreiben, die mich davon abhielten, »einen Ehemann zu bekommen«. Ich erklärte ihnen, dass diese bösen Geister »guter Geschmack« und »hohe Ansprüche« hießen.

Wo war ich vom Weg abgekommen? Warum bestrafte Gott mich? Da war ich nun, gerade dreißig geworden, und konnte nicht verstehen, warum Gott meine Gebete nicht erhört hatte. Meine Zukunft lag völlig unsicher vor mir. Ich schaute auf zu Gott, machte mir eine Tasse Tee und schwänzte an dem Tag den Gottesdienst. Heute konnte ich die ganzen glücklichen Familien einfach nicht ertragen. Stattdessen ging ich ans Meer und redete mit Gott. Ich sagte ihm, dass ich ihm mein ganzes Leben anvertraute, aber ich erinnerte ihn auch daran, dass ich jetzt so weit war. Ich betete für meinen zukünftigen Ehemann. Und wissen Sie was – kaum vier Monate später erhörte Gott meine Gebete und schenkte mir die Liebe meines Lebens.

Als ich also meinen vierzigsten Geburtstag feierte, in meinem Wohnzimmer saß und mithilfe meiner beiden verrückten Töchter meine Geschenke auspackte, wurde ich daran erinnert, wie sehr sich mein Leben verändert hatte. Meine Kinder stürmten die Tanzfläche und wir tanzten bis spät in die Nacht. Was sich in zehn Jahren doch verändern kann …

Am nächsten Morgen nach der Party gingen wir alle an den gleichen Strand, an den ich nach meinem dreißigsten Geburtstag gegangen war. Ich sah, wie meine Tochter Lucy mir Liebeserklärungen in den Sand schrieb. Die Sonne schien und für einen Augenblick empfand ich mein Leben als rundum vollständig. Ich spürte den Wind, der sanft in mein Gesicht blies, als ob Gott zu mir sagte: »Meine Tochter, meine Liebe für dich ist wie dieses Meer. Ich habe all deine salzigen Tränen gesehen und sie weggewaschen, und ich habe dir Freude gebracht. Ich habe jedes Rufen deines Herzens gehört und dich nie vergessen. Meine Wege sind nicht deine Wege und mein Zeitplan ist perfekt. Danke, dass du mir vertraut hast, mein Kind. Ich weiß, es war nicht einfach – aber hat es sich nicht gelohnt?«

Und die einzige Antwort, die mir einfiel, während mir Tränen in den Augen aufstiegen, war … *Ja!*

Zum Nachdenken …

1. Können Sie sich an eine Situation erinnern,
in der Sie sich völlig allein fühlten?
Haben Sie mit Gott darüber gesprochen?
2. Gibt es etwas in Ihrem Leben, um das Sie Gott aus
tiefstem Herzen anflehen? Was meinen Sie,
was er Ihnen zu sagen versucht?
3. Haben Sie schon einmal bei etwas, das Sie sich sehn-
lichst gewünscht, aber nicht bekommen haben, später
zurückgeschaut und gesehen, dass es gut war,
dass Sie es nicht bekommen haben? Hat das
Ihren Glauben an Gott gestärkt?

Lieber Gott, danke, dass du mein Quengeln, Bitten und
Betteln erträgst, wenn ich versuche, dir meinen Willen
aufzuzwingen. Danke, dass du mich festhältst, wenn
ich mich mutterseelenallein fühle. Danke für alle Jahre,
die ich schon auf dieser Erde hatte, und dass du mir
erlaubt hast, mit jedem Jahr etwas weiser zu werden.
Ich habe so oft an dir gezweifelt und du hast mich
trotzdem weitergeliebt. Du hast mir nie deinen Segen
vorenthalten. Ich bin dir so dankbar. Amen.

Ein Sonntag daheim

»Denn ich weiß genau, welche Pläne ich für euch
gefasst habe«, spricht der Herr. »Mein Plan ist, euch
Heil zu geben und kein Leid. Ich gebe euch Zukunft
und Hoffnung.« – Jeremia 29,11

Heute wollte ich Super-Kontrollfreak alles anders machen. Ich hatte es genau geplant. Ich weiß, dass andere Mütter für ihre Familien kochen und wunderbare Mahlzeiten zubereiten, und ich war fest entschlossen, in ihre Liga aufzusteigen – wenigstens heute. Ich wollte einfach den perfekten Sonntag gestalten und meiner Familie, die es mehr als verdient hatte, ein schönes selbst gekochtes Essen vorsetzen.

Ich legte die Kinder zum Mittagsschlaf hin, in der vollen Absicht, mit den Vorbereitungen fürs Abendessen zu beginnen, doch dann fiel mir ein, dass im Fernsehen die Olympischen Spiele liefen, also setzte ich mich hin und schaute fern. Das Baby wachte schreiend vom Mittagsschlaf auf, also holte ich die Kleine und wechselte ihre Windel ausnahmsweise einmal rechtzeitig. (Manchmal ist die Windel des armen Kindes so voll, dass sie schon auf dem Boden schleift, bevor sie gewechselt wird ...) Dann schauten wir uns zusammen den Rest des Gymnastikwettbewerbs an und vor meinem inneren Auge tauchte das

Bild auf, wie sie eine Medaille für die meisten Purzelbäume auf der Wohnzimmercouch entgegennimmt. Schließlich machte ich mich in die Küche auf und wagte mich an das Rezept, das ich mir ausgesucht hatte. Es war ein Rezept für dieses Bratschlauchding, das ich auf einem Kunsthandwerkermarkt gekauft hatte. Die Verkäuferin meinte, damit könnte *jeder* kochen. Offensichtlich hatte sie noch nie mein Essen probiert.

Ich holte das rohe Hühnchen aus dem Kühlschrank, zusammen mit der Crème double, den Zwiebeln, den Tomaten und allem anderen, was ich brauchen würde. Ich schnitt das Hühnchen in kleine Stücke und hielt mich ganz genau an das Rezept. Ich fühlte mich wie die Königin der Kochsendungen, obwohl ich sechsundzwanzig Minuten an einem Fünf-Minuten-Rezept arbeitete. Dann machte ich eine kurze Pause und ging ins Wohnzimmer, um meinem perfekten Baby beim Spielen zuzuschauen. Plötzlich war die ganze Küche voller Rauch. Offenbar gibt es in der Nähe des Herdes ein Ding namens Dunstabzugshaube, das ich hätte anschalten sollen. Außerdem hätte ich wohl das Hühnchen umrühren sollen. Ich möchte an dieser Stelle ausdrücklich erwähnen, dass weder von dem einen noch von dem anderen etwas im Rezept stand!

Während ich in der Küche Feuerwehr spiele, kommt Lucy mit ihrem aufblasbaren Planschbecken herein, das ich vor Kurzem gekauft habe. Sie erinnert mich: »Mami, du hast gesagt, dass ich heute schwimmen gehen darf, wenn ich in der Kirche keine Kinder haue!« Ich sage: »Dann frag Papa, ob er es dir aufbläst.« Darauf sie: »Frag ihn doch selber, er ist dein Mann!« In dem Moment kommt Ron in die Küche und eine Schüssel, in der sich die mit Maisstärke verrührte Crème double befindet, landet auf dem Boden. Ihr Inhalt verteilt sich gleichmäßig über den grünen Küchenteppich. Ron fängt an zu lachen und rennt raus. Lucy fängt an zu schreien: »Das war ich nicht! Das war ich nicht!«, und rennt mit ihrem unaufgeblasenen Plastikplanschbecken hinterher. Ich bleibe zurück und beseitige das Chaos, aber nicht, bevor ich Fotos für Facebook gemacht habe.

Schließlich köchelt alles vor sich hin und Lucy bittet mich, ihren Wasserball aufzublasen, weil Papa zu müde ist, nachdem er ihr Planschbecken aufgeblasen hat. Ich bringe den Ball nach draußen und setze Ruby neben Lucy auf die Rutsche. Für eine einzige Sekunde drehe ich den beiden den Rücken zu – und raten Sie mal, wer im Planschbecken landet? Ruby natürlich. Spielt es eine Rolle, dass sie komplett angezogen ist und eine Windel umhat? Ich habe keine Wahl, ich muss ins Becken steigen und mein nasses Kind herausholen. Hier stehe ich also, nass, auf den Klamotten immer noch einen Teil von der Maisstärke-Pampe, und nach Rauch riechend. Ich muss einfach lachen! Am Ende gibt es doch noch Abendessen und alle überleben.

Ja, manchmal bekommt man mehr, als man sich vorgestellt hat, aber sind das nicht die Augenblicke, die einem am wertvollsten sind? Man schmiedet Pläne, so gut man kann, doch man lässt immer noch Spielraum für eine unangenehme Überraschung ... oder vier. Ganz gleich, wie es aussieht: Gott kennt Ihr Herz und er ist stolz auf Sie, weil Sie es trotzdem probieren. Vielleicht bekommen wir Mütter nie die Anerkennung der Welt dafür, dass wir täglich alles tun, was uns abverlangt wird. Und vielleicht sehen Sie die anderen sogenannten »perfekten« Mütter und haben das Gefühl, dass es Ihnen nie gelingen wird, alles auf die Reihe zu bekommen. Aber Sie sind nicht allein – und manchmal muss man eben einfach ins Planschbecken springen und schwimmen! Sie sind Mutter, Sie sind gesegnet! Eine gut gemeinte Warnung allerdings: Passen Sie auf, wenn Sie eine Kochsendung anschauen. Die Frauen in diesen Sendungen können keine Menschen sein!

Zum Nachdenken ...

1. Haben Sie schon einmal versucht, einen perfekten Tag für Ihre Familie zu organisieren, und es lief nicht wie geplant? Wie sind Sie damit umgegangen? Was würden Sie beim nächsten Mal anders machen?

2. Wie können Sie es vermeiden, sich und Ihre Familie unnötig unter Druck zu setzen? Nehmen Sie sich jeden Tag ein paar Minuten Zeit, um Gott um Geduld und Verständnis zu bitten, wenn das Leben aus den Fugen zu geraten droht.

Lieber Gott, bitte hilf mir, Humor zu haben, wenn es nicht so läuft wie geplant. Hilf mir, innezuhalten und die Momente in diesem verrückten Leben zu genießen, mit denen du mich gesegnet hast. Danke, dass du alle meine Bemühungen siehst, wenn niemand anderes sie sieht. Bitte gib mir Geduld, wenn ich gestresst oder müde bin. Danke, dass du mich so liebst, wie ich bin, und dass du mich mit meiner wunderbaren Familie gesegnet hast. Amen.

Was Stepptanzschuhe
alles bewirken

Kinder sind ein Geschenk des Herrn, sie sind
ein Lohn aus seiner Hand. – Psalm 127,3

Hier schreibt die Mutter des Jahres. Ich habe die Tanzsachen meiner sechsjährigen Tochter eingepackt, damit ich sie nach der Schule abholen und zu ihrer Ballett-/Stepptanz-Stunde bringen kann und sie meinem ... ähm, ich meine, *ihrem* Traum, mit neun Jahren professionelle Tänzerin zu werden (oder Artistin im *Cirque du Soleil*, da sind wir nicht wählerisch), einen Schritt näher kommt.

Es war ein ganz normaler Tag, und mit »normal« meine ich total verrückt. Eine Freundin brauchte in letzter Minute eine Babysitterin, also holte ich einen achtjährigen Jungen zu unserem Kleinkind zu Hause dazu. Er war so frei, ihr auf seinem iPad Kriegsspiele beizubringen, und jetzt rennt sie durch mein Haus und sucht nach Waffen. Ich wünschte, sie hätte die gleiche Leidenschaft, wenn es um Staub und Unordnung geht. Wenn es nur eine Möglichkeit gäbe, ihre kriegerischen Superkräfte zu meinem Vorteil zu nutzen!

Während ich nach Lucys Tutu, Stepptanz- und Ballettschuhen suchte, fand ich – vielleicht haben Sie's schon erraten – das

Tutu, aber keine Schuhe. Letzte Woche hat Ron sie zur Tanzstunde gefahren, und als ich ihn nach den Schuhen fragte, zuck-
te er nur mit den Schultern (wie gut ich diese Geste kenne!) und
sagte: »Keine Ahnung; ich glaube, sie sind in einem Beutel.«
O weia!

Jetzt bin ich also unterwegs, mittlerweile eine Viertelstunde
zu spät dran, und habe ein Paar schwarze Lacklederschuhe, einen Gymnastikanzug und jede Menge Snacks zur Bestechung
bei mir. Ich brauchte einen Plan. Sollte ich sie zur Stunde bringen und der Lehrerin und all den anderen perfekten Tanzmüt-
tern erklären, warum Lucy zu spät und ohne ordentliche Tanzschuhe kam? Wissen Sie, in der Tanzwelt kann man schon für
geringere Vergehen abgestraft werden. Oder sollte ich eine kom-
plizierte Geschichte erfinden, dass Lucy einfach so viel mit ihren
Übungen für den Vorschul-Schachwettbewerb zu tun hatte, dass
sie ihre Tanzstunde vergessen hatte?

Während ich im Auto saß und plante, wurde mir plötzlich
klar, dass ich ja noch eine Möglichkeit hatte. Ich konnte Lucy
die Entscheidung treffen lassen. Ich konnte ihr einfach ehrlich
sagen, dass ihre Tanzschuhe vorübergehend verloren gegangen
waren, und sie entscheiden lassen, ob sie schuhlos an der Stunde
teilnehmen oder sie diese Woche ausfallen lassen und wieder
nach Hause fahren wollte. Insgeheim wünschte ich, sie würde
sich für Letzteres entscheiden. Ich hasse es, wenn ich da herum-
sitzen und so tun muss, als würde ich mich für das Leben der
anderen Mütter und Kindermädchen interessieren, die mit mir
im Warteraum sind. Und obwohl natürlich auch die finanziel-
le Verpflichtung in Betracht gezogen werden sollte (die Stunde

hat mich immerhin elf Dollar gekostet!), kann es doch nicht so schlimm sein, wenn sie mal eine Stunde ausfallen lässt – oder? Andererseits frage ich mich, was ich ihr damit vermittle. Ist es falsch, sich für etwas zu verpflichten und es dann nicht durchzuhalten, selbst wenn es unbequem ist? Mache ich eine zu große Sache daraus, einmal eine Woche nicht zur Tanzstunde zu gehen? Immerhin war es nicht Lucys Schuld. Ich hingegen hatte Schuldgefühle, weil ich wieder einmal nicht die gut organisierte Mutter war. *Wird sich das jemals ändern?*, fragte ich mich dort im Auto im Stillen.

Ich holte Lucy ab und sagte einfach: »Es tut mir leid, aber ich muss dich enttäuschen, Lucy. Ich habe eine schlechte Nachricht. Ich kann deine Tanzschuhe nicht finden. Ich habe alles gemacht, was ich konnte, um sie zu finden, aber ich hab's einfach nicht geschafft. Tut mir leid, dass ich dich im Stich gelassen habe. Willst du trotzdem zur Tanzstunde gehen?«

Lucy antwortete: »Du meinst, ich kann stattdessen nach Hause? Ich glaube, ich brauch einen Mittagsschlaf. Die Schule war heute echt anstrengend. Danke, Mama. Du bist die Beste.«

Wir stiegen fröhlich ins Auto und mir wurde bewusst, dass ich in ihren Augen nichts falsch machen kann. Außerdem rettete sie mich davor, mir eine ganze Stunde lang die Geschichten der Ballettmütter anhören zu müssen. Als wir nach Hause kamen, hatten Ruby und Joe in meinem Wohnzimmer eine Höhle gebaut, sodass sie zusammen die Welt retten konnten. Ruby ließ uns hineinkommen und zeigte uns stolz ihre neuen Handgranaten, die interessanterweise genau wie Stepptanzschuhe aussahen!

Ich glaube, an dem Tag habe ich etwas über Kinder gelernt. Sie sind viel flexibler, als wir ihnen zutrauen. Ich hätte mir nicht so viele Sorgen um Lucys Reaktion machen sollen, bevor ich sie überhaupt erlebt hatte. Warum machen wir das? Kinder sind nach Gottes Bild erschaffen und sie haben sein Herz. Sie freuen sich einfach, Zeit mit uns zu verbringen, und retten die Welt mit Steppschuh-Granaten – immer schön eine nach der anderen.

Zum Nachdenken ...

1. Können Sie sich an eine Situation erinnern,
in der Ihr Kind Sie mit seiner Reaktion überrascht hat?
Wie haben Sie sich dabei gefühlt?
2. Für uns Eltern ist es schwer, loszulassen
und nicht zu sehr auf die kleinen Dinge zu schauen,
die Sand ins Getriebe bringen können. Wie können Sie
die Sorge loswerden, die wir alle oft haben, nicht die
»superorganisierte Mutter« zu sein? Wie kann
Gott Ihnen bei diesen Gefühlen helfen?

Lieber Gott, hilf mir, das Beste von meinen Kindern zu erwarten, statt mich mit Supergau-Szenarien zu beunruhigen. Hilf mir zu vertrauen, dass ich meine Kinder schon gut erziehe und dass sie ausgeglichene, gut angepasste kleine Menschen sind. Amen.

DIE ZEHN SCHLIMMSTEN SMS, DIE SIE IHRER FRAU AN IHREM FREIEN ABEND SCHICKEN KÖNNEN

1. Weißt du, wo unsere Tochter ist?

2. Ich fahre mit den Kindern nach Disney World,
weil sie mich darum gebeten haben.

3. Haben wir einen Feuerlöscher?

4. Das Abendessen war toll. Hast du die Nummer vom Giftnotruf?

5. Ich wusste gar nicht, dass unsere Vierjährige so eine gute
Pokerspielerin ist. Meine Freunde sind ganz begeistert.

6. Ist es in Ordnung, wenn die Kinder und ich die Serie
»Breaking Bad« schauen? Immerhin ist er doch Chemielehrer.

7. Wie gefällt dir dein Film? Wir haben dich vermisst!
Dreh dich mal um. Willst du Popcorn?

8. Ruf deine Mutter an. Sie hat auf Facebook dein Outfit
gesehen und findet es unangemessen.

9. Ich glaube, Gott möchte, dass ich mir eine Auszeit
vom Beruf nehmen und bei den Kindern daheimbleiben soll.
PS: Mein Chef hat mich heute gefeuert.

10. Das mit den Kindern ist ja ganz einfach Warum beschwerst
du dich eigentlich immer? PS: Ist das Baby bei dir?

Trainingslager
und warmes Nest

Barmherzig und gnädig ist der Herr, geduldig und voll
großer Gnade. Er wird uns nicht für immer Vorwürfe
machen und nicht ewig zornig sein. Er bestraft uns
nicht für unsere Sünden und behandelt uns nicht, wie
wir es verdienen. – Psalm 103,8-10

Die Radiouhr in meinem Auto zeigt 5.40 Uhr an, als ich mich auf
den Weg zur CVJM-Turnhalle mache, um mich zwei Wochen
lang in einem Trainingslager zu quälen, weil ich nach der Geburt meines Kindes (sie ist gerade drei geworden) immer noch
zehn Kilo zu viel auf den Rippen habe. Im Radio kommt der
Fleetwood-Mac-Song *Dream*. Sie wissen schon: »*Thunder only
happens when it's rainin' … Players only love you when they're
playin'.*« (»*Es donnert nur, wenn es regnet … Spieler lieben dich
nur, wenn sie spielen.*«)

Sofort fühle ich mich in ein ganz anderes Leben zurückversetzt. Damals verliebte ich mich als junge, unbekümmerte
23-Jährige Hals über Kopf in einen Marineinfanteristen, den
ich kennengelernt hatte, während ich in einem süßen, knappen
Strandkleid steckte. Wenn ich damals nur gewusst hätte, dass
dieser Songtext nahezu prophetisch war!

Der Song überflutete mich schlagartig mit den Erinnerungen an alle Empfindungen von damals. Ich war wieder dort, mit dem Wind in meinen Haaren. Ich fuhr nicht zum Trainingslager beim CVJM, sondern zum Kasernenhof von Camp Pendleton in San Diego. In Camp Pendleton hatte ich viele evangelistische Einsätze. Seien Sie nicht neidisch! Ich weiß noch, wie ich mit meinem Marinesoldaten nachts um eins durch die gepflasterten Straßen lief, Blumen aus den Vorgärten pflückte und es für den romantischsten Augenblick aller Zeiten hielt!

Mein Marinesoldat war ein Charmeur, gelinde gesagt. Eines Abends ging er sogar mit einem Knie zu Boden und sang: »*You Lost That Lovin' Feelin'*« (»*Dir ist die Liebe verloren gegangen*«). Doch in diesem Augenblick, jetzt, ging es nicht um ihn, sondern um die junge Frau, die ich einmal war. Beneidete ich sie? Sie schien so frei zu sein. Ich fragte mich, wie mein Leben wohl verlaufen wäre, wenn ich meinen Marinesoldaten geheiratet hätte. Wir hatten einen dramatischen Abschied voneinander und ich weiß noch, wie ich insgeheim darauf wartete, dass er bei seiner Rückkehr kommen und mich davontragen würde, wie in dem Film *Ein Offizier und Gentleman*.

Dann wurde mir bewusst, dass die junge Frau von damals auch die junge Frau von heute ist, nur zehn Kilo schwerer. In meinem Schrank hängen immer noch ein paar coole, knappe Sommerkleider. Mir wurde bewusst, dass auch meine »unbekümmerten Tage« nicht ganz folgenlos geblieben waren. Ich habe viele Dummheiten gemacht und mir damit selbst viel Kummer bereitet. Früher habe ich mir manchmal Vorwürfe für meine schlechten Entscheidungen gemacht. Ich dachte, dass Gott mich vielleicht dafür bestraft, indem er mich so lange auf einen Ehemann warten lässt, doch das würde Gott nie tun. Er hat mich nie zu weit aus seinen liebenden Armen weglaufen lassen. Er war immer da, um mich aufzufangen, wenn ich hingefallen bin. Gott hat mir immer gezeigt, dass ich zu ihm gehöre, ganz gleich, was ich gerade erlebte. Jetzt als Ehefrau und Mutter halte ich mich in Sachen Beziehungen eher für altgedient als unerfahren. Ich habe viel größere Kämpfe ausgefochten als die Entscheidung, welches Kleid ich anziehen soll. Es ist herrlich, dass ich freitagabends jetzt mit mexikanischem Essen und meinem Mann auf der Couch verbringen kann, während wir warten, dass die Mädchen einschlafen, damit wir vielleicht mal eine ganze Folge *The Biggest Loser* schaffen. Ich bin in der Mannschaft, die Gott für mich ausgesucht hat, und sie ist gut.

Also werde ich heute hemmungslos mit Fleetwood Mac mitsingen und wissen, dass ich »es« immer noch draufhabe (was auch immer »es« ist)! Ich weiß, dass es auf dieser Welt drei Menschen gibt, die mich cool finden, und sie heißen Ron, Ruby und Lucy. Ich weiß, wie sehr mein Vater im Himmel und meine Familie mich lieben. Sie lieben mich so, wie ich bin, also drehe ich bei lautstarker Musik auf halbem Weg um und begebe mich zurück in mein warmes Nest (= mein Bett). Von Trainingslagern und Kasernen habe ich für den Rest meines Lebens genug. Moment mal! Wir brauchen noch Vorräte ... also auf zum Bäcker!

Wie ist es bei Ihnen? Sind Sie glücklich mit dem warmen Nest, in dem Sie heute stecken, oder denken Sie immer noch sehnsuchtsvoll an vergangene Zeiten? Ich weiß, es ist leicht, sich nur an die guten Dinge aus der Vergangenheit zu erinnern, und vielleicht wirkt dadurch unsere gegenwärtige Situation etwas unspektakulär. Aber Sie sollen wissen, dass Gott Sie aus einem bestimmten Grund Ihrer »Truppe« zugeteilt hat. Sie sind Ihre Gefährten und es ist Ihre Aufgabe, sie zu lieben, zu schützen und Ihr Leben für sie einzusetzen. Das ist eine undankbare Aufgabe, aber jemand muss sie übernehmen. Und nicht vergessen: Im Himmel müssen Sie keine Wäsche mehr waschen ...

Zum Nachdenken ...

1. Gibt es einen Song, der Sie jedes Mal, wenn Sie ihn hören, in eine andere Zeit zurückversetzt? Wie fühlen Sie sich dabei?

2. Gibt es etwas in Ihrer Vergangenheit, von dem Gott möchte, dass Sie es loslassen? Wie können Sie vorangehen, ohne sich an der Vergangenheit festzuklammern?

Lieber Herr, danke, dass du mir die Fehler der Vergangenheit vergeben hast und sie mir nicht mehr vorhältst. Du hast mich nie zu weit von dir weglaufen lassen, das sehe ich jetzt. Danke für meine Gefährten im »warmen Nest«. Ich bin froh, dass du mich genau in diese Mannschaft gesteckt hast, und ich bitte dich, dass du sie heute und jeden Tag beschützt, damit sie nicht in die Schusslinie des Feindes gerät. Zeig mir, wie ich für sie beten und, wenn nötig, für sie kämpfen kann. Zeig mir, wie ich in Liebe kämpfen kann. Amen.

Ich versuche,
eine gute Ehefrau zu sein

Wer kann schon eine tüchtige Frau finden? Sie ist
wertvoller als die kostbarsten Edelsteine. Ihr Mann kann
ihr vertrauen, und sie wird sein Leben bereichern.
Ihr ganzes Leben lang unterstützt sie ihn und fügt
ihm nichts Böses zu. – Sprüche 31,10-12

Ich kann mit meinen häuslichen Fähigkeiten nicht gerade prahlen; ich bin nicht wie meine Mutter. Sie kann mühelos ein fabelhaftes warmes Essen kochen und gleichzeitig das Haus blitzblank halten. Diese Fähigkeiten habe ich nicht von ihr geerbt. Ich war viel zu sehr mit Ballett, Stepptanz und Jazzdance beschäftigt, um kochen zu lernen. Als Ron und ich ein Paar wurden, ließ ich keinen Zweifel aufkommen, worauf er sich da einließ. Meine anderen Freundinnen kochen ihren Männern ständig Essen. Ich erkläre ihnen: »Von mir könnt ihr noch was lernen. Ich habe es geschafft, Rons Erwartungen so weit zu senken, dass er jedes Mal begeistert ist, wenn ich Spiegeleier mache.« Aber manchmal versuche ich, doch etwas Besonderes für meinen Mann zu machen, weil ich eine so coole Ehefrau bin.

Das Eheleben ist eine Prüfung. In den Ehevorbereitungsgesprächen hat mir niemand gesagt, dass in meinem Haus ein

Mann leben würde, der versucht, mir meinen Platz im Kleider-schrank streitig zu machen, und der ab und zu eine Mahlzeit von mir verlangt. Wir sind beide Comediens und arbeiten von zu Hause aus. Jeden Tag wachen wir auf und fragen uns gegen-seitig: »Ähm … musst du heute nicht irgendwo hin?« Am An-fang unserer Ehe, als ich noch viel unterwegs war, versuchte ich, eine gute Ehefrau zu sein, indem ich Kochbücher las. Ich dachte, ich würde mich mal anstrengen und für ihn kochen.

Ron genießt die schöne Kunst des Essens und Schlafens. Das kann er wirklich gut. Bei einem meiner ersten Kochversuche wollte ich ein etwas leichteres Rezept meiner Mutter zubereiten, das ich sie schon Tausende Male hatte kochen sehen. Es war ein Brokkoli-Käse-Maisbrot, ein beliebtes Gericht aus den Südstaa-ten. Man braucht nichts weiter als eine Backmischung für Mais-brot, Käse und Brokkoli. Ich dachte, das schaffe ich mit links, und es lief auch ganz gut – bis ich auf halber Strecke merkte, dass ich nicht die Backmischung für Käse-, sondern für Blau-beer-Maisbrot hatte. Ich dachte mir, so viel kann das ja nicht ausmachen … vielleicht mochte mein Mann ja den besonders fruchtigen Geschmack? Ich sortierte einfach ein paar Blaubee-ren aus dem Teig aus und machte weiter.

Ich bereitete den Rest des Rezepts zu und servierte ihm das fertige Produkt mit einem breiten Lächeln. Ich sah süß aus in meiner rosa Schürze. Dann biss er in das Maisbrot-Experiment und verschluckte sich fast. Um ganz ehrlich zu sein: Es war wi-derlich. Wenn wir einen Hund hätten, hätte ich nicht mal dem dieses lila-grüne Fiasko zu fressen gegeben, denn er wäre wahr-scheinlich daran gestorben. Ron tat sein Bestes, um höflich zu sein und zu schlucken. Innerlich lachte ich, aber ich wollte sehen, wie lange es dauerte, bis er einen Kommentar über meine miserablen Kochkünste abgab. Er sagte kein einziges Wort und aß das ganze Ding auf. Nur zwei Bissen ließ er in seiner Serviette verschwinden, als er sich gerade unbeobachtet fühlte. Es war unglaublich!

Später an dem Abend gestand ich ihm, dass ich wusste, dass es scheußlich war, und fragte ihn, warum er mir nicht gesagt hatte, *wie* schlecht es schmeckte. Er antwortete: »Kerri, in der Not beißt man in jeden sauren Apfel, und Essen ist Essen. Ich dachte mir einfach, viel schlimmer kann es nicht mehr werden, also wollte ich dich ermuntern, es weiter zu versuchen. Und bei deinen Kochkünsten werde ich wohl zwangsläufig abnehmen. Also, alles in allem ist das Ganze doch ziemlich gut für mich!«

Ich liebe diese Einstellung, und sie hat sich bis heute nicht geändert. Wenn ich mich nur irgendwie bemühe, für ihn zu kochen, ist er ewig dankbar. Von den beiden Knirpsen an meinem Küchentisch kann ich das zwar nicht behaupten, aber wenigstens weiß ich, dass es *einen* Menschen in meinem Haus gibt, der sich immer über mein Essen freut.

Zum Nachdenken ...

1. Nennen Sie eine positive Eigenschaft Ihres Ehemanns.
Ist er wirklich dankbar für Sie? Hat er eine positive Einstellung?
2. Wie können Sie ihm heute zeigen, dass Sie ihn wertschätzen?
3. Was ist seine »Liebessprache«, und wann haben Sie sie
zum letzten Mal mit ihm »gesprochen«?

Lieber Herr, wenn ich an meinen Ehemann denke, dann
hilf mir bitte, mich an all seine guten Eigenschaften
und inneren Haltungen zu erinnern. Und wenn es einmal
etwas stürmisch zwischen uns zugeht, dann erinnere
mich an die positiven Momente unserer Ehe, damit ich
wieder zu Besinnung komme und nicht mehr so wütend
und verurteilend bin. Amen.

Das große Hühnchen-Duell

Ihr Kinder sollt euren Eltern gehorchen, weil ihr dem
Herrn gehört, denn so handelt ihr richtig. – Epheser 6,1

Es begann wie jeder andere Abend. Ron arbeitete, also musste
ich nur für meine beiden kleinen Schätze Abendessen machen
und sie ins Bett bringen. Ich hatte ein neues Rezept für Hühnchen ausprobiert, bei dem man ein echtes rohes Hühnchen
nimmt und in den Ofen schiebt. Bei allen anderen Rezepten
hätte ich einfach ein fertig gebratenes Hühnchen aus dem Supermarkt genommen.

Ich hatte mir mit diesem Essen große Mühe gegeben, Gemüse und Zitronen benutzt und sogar eine Soße gemacht. Ich ent-
hüllte meine Kreation vor den Mädchen und merkte sofort, dass
das Hühnchen innen noch roh war. Also nahm ich die Stücke,
die ich hatte servieren wollen, und steckte sie in die Mikrowelle.
Dann fiel mir ein, dass Lebensmittel in der Mikrowelle Nährstoffe verlieren, aber ich bat Gott um ein »Nährstoff-Wunder«.
Ich legte das Hühnchenstück auf Lucys Teller; sie nahm einen
Bissen und schrie: »Äääähhh!«

Irgendwo finde ich noch einen Rest Käsenudeln und mache
sie in der Plastikdose warm, in der sie sich befinden. Ich weiß
zwar, dass das ungesund ist, aber ich bitte Gott, uns vor der

»Gift-Krankheit« zu bewahren. Ruby macht sich wie ein wildes Tier mit ihrer Gabel über das Hühnchen her. Ich merke, dass ich vergessen habe, ihr ein Lätzchen umzubinden. Das gibt bestimmt ein paar interessante Flecken ... Dann fahre ich Lucy an, sie soll »wie eine Dame« am Tisch sitzen und essen. Ich weiß, dass ich kein Vorbild bin, da ich an der Spüle stehe und beim Abwaschen nebenher ein Erdnussbutterbrot esse. Kürzlich las ich, dass man davon irgendeinen Pilz bekommen kann, also greife ich nach meinen probiotischen Tabletten, um die Erdnussbutter zu neutralisieren.

Lucy meldet sich zu Wort und fragt, ob sie zum Nachtisch Kakao haben kann. Ich sage Ja, solange sie aufisst. Sie sagt: »Ich bin satt!« Darauf ich: »Schön, dann gibt's auch keinen Kakao.« Darauf sie: »Ich habe nur noch Platz für Flüssigkeiten!« Und damit beginnt meine übliche Verhandlungstaktik: »Wenn du drei Möhren und noch zwei Happen Hühnchen isst, kannst du aufhören.« Darauf Lucy: »Ich will frische Möhren, nicht die in Wasser!« Das Wasser, von dem sie spricht, ist die hausgemachte Soße, die ich nie wieder machen werde. Ich will einfach, dass sie Gemüse isst, also gebe ich ihr »frische«/rohe Möhren. Sie steckt sie zusammen mit einem Stück Hühnchen in den Mund. Ich freue mich über ihre Begeisterung, das Ergebnis meiner Kochkünste zu vertilgen, doch dann wird mir klar, dass sie die Sache nur hinter sich bringen will. Trotzdem fühle ich mich, als hätte ich die Verhandlung gewonnen.

Ich hole grüne Sojabohnen aus dem Kühlschrank und löffle sie auf Rubys Teller, damit sie auch etwas Grünes isst. Sie ist von Kopf bis Fuß mit Käsenudeln beschmiert. Ich fange an, den Boden zu wischen. Als ich aufschaue, wälzt sich Lucy mitten in der Küche auf dem Boden, als stünde sie in Flammen. Ihr Mund ist zu, aber sie zeigt darauf, als hätte sie etwas Giftiges gegessen, das sie ausspucken muss. Ich habe diese Taktik schon mal gesehen, als sie sich den Finger in den Hals gesteckt hat, damit sie von meinem Essen verschont bleibt. Nicht heute. Ich sage ganz ruhig: »Na schön, spucks aus – du wirst schon merken, was dann passiert.« (Irgendwie klinge ich wie Dirty Harry ...)

Sie schafft es, den Happen »runterzuwürgen«, und ich mache ihr Kakao. Nach dem ganzen Theater bekommt dieses Kind auch noch Kakao? Wie macht sie das nur? Ich will nicht, dass sie mit den Fingern in die Schlagsahneschüssel geht, aber sie klimpert mit den Wimpern und sagt: »Komm schon ... sei mal cool, Mama ... nur ausnahmsweise?« Und natürlich stecken wir beide die Finger in die Schüssel und stopfen uns voll.

Wenn ich so an den Jungen aus der Bibel mit dem Brot und den Fischen denke ... dann wette ich, er hat sich gewünscht, er hätte Jesus stattdessen Süßigkeiten in die Hand gedrückt!

Zum Nachdenken ...

1. Wie laufen die Mahlzeiten in Ihrer Familie ab?
Haben Sie irgendwelche Strategien, mit denen Sie
die Kinder dazu bringen, ruhig dazusitzen und zu essen?
(Wenn ja, dann schreiben Sie's mir bitte auf Facebook!
Ich will es wissen!)
2. Diskutieren und verhandeln Sie oft mit Ihrem himmlischen
Vater? Wie können Sie sich von der einen oder anderen
Eigenschaft lösen, die Sie von ihm fernhält?

Lieber Herr, danke, dass du für meine Familie und mich
sorgst. Danke, dass du mir Geduld für meine Kinder
schenkst, dass du aber auch Geduld mit mir hast. Amen.

FÜNF VORSÄTZE, DIE EINE MUTTER AUF JEDEN FALL EINHALTEN SOLLTE

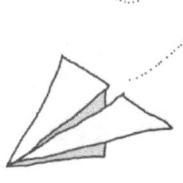

1. Sagen Sie jeden Tag etwas Nettes zu Ihrem Ehemann, auch wenn es nur ein Kompliment zu seinem schönen Oberhemd ist, weil Ihnen nicht mehr einfällt. Es mag nicht viel sein, aber es wird Ihre Ehe verändern.

2. Seien Sie nett zu anderen Menschen. Sie finden, das klingt leicht? Nur, wenn Sie eine Heilige sind. Aber denken Sie beim nächsten Mal, wenn Sie eine Reklamation haben oder in einer langen Schlange an der Kasse stehen, daran, dass diese Angestellten auch Menschen mit Gefühlen sind. Stellen Sie sich einfach vor, Ihr Pastor würde neben Ihnen stehen, und verhalten Sie sich entsprechend.

3. Verbringen Sie weniger Zeit in virtuellen sozialen Netzwerken und mehr Zeit mit Bibellesen. Das ist machbar. Laden Sie sich eine Bibel-App auf Ihr Smartphone und nehmen Sie sich fest vor, früh als Erstes »diese« App zu öffnen. Das ist besser als alle »Kommentare« an Ihrer virtuellen Pinnwand.

4. Beten Sie mit Ihrer Familie. Setzen Sie sich nicht unter Druck, wenn es nicht so oft ist, wie Sie es eigentlich für nötig halten. Bemühen Sie sich einfach, mit Ihrer Familie zu beten, wenn es Ihnen einfällt. Damit leben Sie Ihren Kindern vor, dass Beten auch außerhalb der Kirche wichtig ist, und wenn Sie dranbleiben, wird es zur guten Gewohnheit.

5. Lächeln Sie Ihre Kinder an. Lassen Sie sie nicht mit dem Eindruck aufwachsen, dass Mama nie lacht. Denken Sie daran, wie sehr Sie sie sich gewünscht haben, bevor sie überhaupt geboren waren, und wie sehr Sie sie vermissen werden, wenn sie aus dem Haus sind. Versuchen Sie unter allen Umständen, wenigstens einmal am Tag Ihre Kinder anzulachen. Es wird einen bleibenden Eindruck in ihrem Herzen hinterlassen.

Mein Ehebett ist hinüber

Eine nörgelnde Frau lässt sich mit einem undichten Dach
vergleichen, durch das es ununterbrochen tropft.
— Sprüche 27,15

Am Anfang unserer Ehe hatte ich einmal einen meiner fantastischen Einfälle ... und am Ende stand ein kaputtes Ehebett. Lassen Sie mich das erklären: Bei unserer Hochzeit bekamen wir
einigermaßen viel Geld geschenkt, also beschlossen wir, es in
eine neue Matratze umzusetzen. Nachdem wir uns mehrere verschiedene Modelle angeschaut hatten, entschieden wir uns für
eine Matratze der Marke *Sleep Number*. Allerdings hatten wir
ein Problem: Sie kostete 2 500 Dollar und unser Geld reichte
nicht ganz. Wir einigten uns, auf die Matratze zu sparen, und
ein halbes Jahr später verkündete ich Ron, dass wir nun das Geld
zusammenhatten und ich unser neues *Sleep Number*-Bett bestellen würde.

An dieser Stelle wurde es allerdings vertrackt. Im Internet
stolperte ich über ein ähnliches Modell, das alle Merkmale auf-
wies, die das *Sleep Number* auch hatte. Es hieß *Sleep Mumber*
und sah ganz genauso aus! Und das Beste daran war, dass dieses Bett nur 1 200 Dollar kostete und nicht 2 500. Ich dachte:
»Was für ein Schnäppchen!« Also rief ich beim Kundenservice

der Firma an, sprach mit einer netten Frau namens Luanne und bestellte unser neues Bett. Es sollte gleich am nächsten Tag geliefert werden.

Tatsächlich standen am nächsten Tag zwei riesige Kerle am Treppenabsatz meiner Wohnung in der zweiten Etage. Sie sahen aus, als hätten sie gerade den letzten Tag ihrer Bewährungsstrafe hinter sich gebracht. Nur die Männer. Das Bett war noch in ihrem Transporter! Als sie die Treppe sahen, dachten sie sich irgendeine Ausrede aus, so nach dem Motto: »Das Bett passt nicht durch Ihre Tür!« Einer der Männer wollte eine Unterschrift und bat mich dann, mit zum Transporter zu kommen.

Da stand ich also auf der Ladefläche dieses völlig neutralen Transporters, der aussah, als käme er direkt aus irgendeiner finsteren Seitengasse, und überlegte, wie in aller Welt ich das Ganze die Treppe hinaufbugsieren sollte – ganz allein! Ich sagte zu dem Mann, ich würde mithelfen, aber keiner von ihnen dürfe hier verschwinden, bis ich mein Bett hatte. Nach zwei Anrufen bei ihrem Vorgesetzten trugen sie mir also die Kartons die Treppe hinauf. Dann sagte ich zu ihnen: »Okay, dann legen Sie mal los.« Sie schauten mich beide an, als sei ich verrückt geworden. »Ähm, gute Frau, wir sind nur die Transportfirma. Aufbauen gehört nicht dazu.« Dann schossen sie zur Tür hinaus, als hätten sie einen Polizisten gesehen.

Hier stand ich nun allein mit den riesigen Kartons in meinem Schlafzimmer – und ohne Bett. Ich dachte mir: »Das kann ich auch selbst«, also holte ich mir ein Küchenmesser und fing an, alle Kartons aufzuschneiden. Sie enthielten einige Schläuche, Luftpolsterfolie und Dinge, die mir Angst einjagten. Wie sollte dieses Chaos mir jene Stunden himmlischen Schlafes bescheren, die Luanne versprochen hatte? Die nächsten zwei Stunden verbrachte ich damit, mich durch das Chaos zu wühlen. Ich lese keine Gebrauchsanweisungen, also versuchte ich einfach zu improvisieren.

Am Abend kam Ron nach Hause und sah mich wimmernd dasitzen, umgeben von Hunderten Bettteilen. Er hatte keine Ahnung, was ich getan hatte. Ich wusste, dass ich mich irgendwie aus dieser Situation rausreden musste, also rief ich: »Überraschung! Unser *Sleep Number*-Bett ist da.«

Das kaufte er mir natürlich nicht ab, weil er nur zu gut wusste, dass diese Firma das Bett auch aufgebaut hätte. Er rief aus: »Kerrriiiii ... was hast du gemacht?«

Daraufhin brach ich in Tränen aus und erzählte ihm die ganze traurige Geschichte, wie ich etwas Nettes für meinen Mann machen wollte, indem ich ihn mit einer kostengünstigen Alternative überraschte. Ich erzählte ihm alles über *Sleep Mumber* und ihre guten Kundenbewertungen. (Okay, den Teil hatte ich erfunden!) Ich hoffte, dass wir beide darüber lachen und Pizza bestellen würden, doch er wusste, dass ich eine absolute Fernost-Billigvariante des Originalprodukts bekommen hatte. Er wusste auch, dass es vom Umtausch ausgeschlossen war!

Am Ende schafften wir es doch, das Bett zusammenzubauen, aber Rons Seite fing bald an abzusacken. Am Anfang war es ganz schleichend; irgendwie verlor irgendetwas über Nacht an Luft. Also pumpte er jeden Abend seine Seite des Betts extrafest auf und erwachte am nächsten Morgen mit Holzsplittern von den Bettlatten im Rücken. Von Tag zu Tag wurde er mürrischer.

Ich erklärte ihm natürlich, dass er zwei Möglichkeiten hatte: (1) Das Bett zu reparieren oder (2) auf der Couch zu übernachten. Ich denke, insgeheim hoffte ich auf Variante 2, weil ich dann mehr schnarchfreie Nächte bekommen würde.

Mit ein wenig Einfallsreichtum rettete Ron die Situation doch noch – oder genau genommen mit Isolierband. Ron kroch unters Bett, klebte das Loch im Luftschlauch mit Isolierband zu und es funktionierte einwandfrei. Keine undichten Stellen mehr! Wer sagt, mit Klebeband kann man keine Ehe kitten, hat sich nur nicht genug angestrengt.

Das war vor fast neun Jahren, und das Provisorium hält immer noch. Ebenso wie meine Ehe. Ich schätze, diese Matratze ist ein gutes Bild für die Ehe. Manchmal gibt es undichte Stellen, und manchmal sackt das eine oder andere weg, aber mit Gott und Isolierband kann man alles reparieren!

Zum Nachdenken ...

1. Haben Sie schon einmal etwas gekauft, das in Ihrer Ehe zu einem Zerwürfnis geführt hat? Wie haben Sie es wieder in Ordnung gebracht?
2. Wie haben Sie durch die Liebe und Vergebung von Jesus Christus gelernt, anderen zu vergeben?

Herr, danke, dass du mir einen verständnisvollen und liebevollen Ehemann geschenkt hast. Bitte hilf mir, mehr wie Jesus zu sein und meinem Mann und anderen mit mehr Verständnis zu begegnen. Danke, dass du mich mit allen meinen Fehlern liebst und mir hilfst, eine bessere Ehefrau und Mutter zu werden. Amen.

Auf zum Kuchenessen!
(Aber Steak darf's auch sein ...)

Was immer ihr esst oder trinkt oder tut,
das tut zur Ehre Gottes! – 1. Korinther 10,31

Ich stehe auf dem Standpunkt, dass jede Frau – in angemessenem Rahmen natürlich – selbst entscheiden soll, was sie isst oder nicht isst. Ich habe es satt, dass andere mir vorschreiben wollen, was ich, eine erwachsene Frau, zu mir nehme. Meine Mutter hat mich anständig erzogen. Wir haben selbst gekochte Lasagne aus einer Schachtel und hausgemachten Brokkoli mit Käsesoße gegessen (beides aus der Tiefkühltruhe im Supermarkt), und aus mir ist doch was ganz Ordentliches geworden.

Ich mache mir Sorgen um die Kinder, die nur Bioessen oder gesundes Essen bekommen. – Bitte lassen Sie mich ausreden. Wenn Sie Ihrem Kind keine Schokolade geben oder es nicht weiß, wie köstlich Eiscreme oder Zuckerguss auf einem Kuchen schmecken, was meinen Sie denn, was passiert, wenn es mit vier Jahren zum Kindergeburtstag eines Freundes geht?

Glauben Sie, bei allen anderen Kindern in der Nachbarschaft gibt es lactosefreien Vollkornkuchen mit Agavendicksaft? Weit gefehlt! Die Mutter des Geburtstagskindes hat sicher eine Backmischung verwendet und den Kuchen mit Zuckerguss überzogen, damit all die kleinen Kinder im Zuckerkoma nach Hause gehen. Das machen Mütter nun mal so.

Und wenn dann das Biokind zum ersten Mal Fabrikzucker probiert, wird es an die Decke gehen.

Meine Liebe zum Essen stammt aus meiner Kindheit. Wir waren die Büffettfamilie Nr. 1. Wenn es irgendwo »All you can eat« hieß, waren wir da. Natürlich hatte mein Vater dafür Regeln aufgestellt, zum Beispiel:

1. Salat ist etwas für Waschlappen und Hippies. Er ist nur Platzverschwendung in deinem Magen und auf deinem Teller.
2. Damit du auch was für dein Geld bekommst, mach dich gleich über das Krebsfleisch oder die Krabben her, wenn es welche gibt.
3. Hol dir immer vier oder mehr Desserts. Sie sind umsonst, und so kannst du wenigstens alle probieren.
4. Verschwende keine Kalorien an diese ausgefallenen Käsewürfel mit Crackern. Das ist nur ein Trick, um dich vom Rostbraten oder dem gebackenen Schinken abzulenken.
5. Wenn du denkst, du bist satt, dann hol dir noch einen Teller voller Essen. Mama hat in der Handtasche eine Plastiktüte und wir können deine Reste mit nach Hause nehmen.
6. Die kleinen Zucker- und Salzpäckchen, die an deinem Tisch liegen, sind zum Mitnehmen. Man kann sie für die Reste verwenden, die Mama in der Handtasche hat.
7. Versuche vor 17 Uhr ans Büffett zu kommen, damit du die Happy Hour nutzen kannst.

8. Völlerei ist zwar eine Sünde, aber Gott versteht das schon und wird dir vergeben, da das ja tatsächlich ein All-you-can-eat-Büffett ist.
9. Halt dich vom Schokoladenbrunnen fern. Der sieht vielleicht appetitlich aus, aber letzte Woche hat man eine Fliege darin gefunden!

Aber Spaß beiseite: Mir ist sehr wohl bewusst, dass jeden Tag Menschen an Hunger sterben, und ich möchte meinen Kindern definitiv beibringen, wie wichtig eine gute Ernährung ist. In der Bibel steht: »Was immer ihr esst oder trinkt oder tut, das tut zur Ehre Gottes.« (1.Kor. 10,31) Ich glaube, wir sollten unseren Kindern beibringen, wie wichtig es ist, unseren Reichtum weiterzugeben und Menschen zu helfen, denen es weniger gut geht als uns. Ich möchte meiner Tochter auf keinen Fall die schlechte Angewohnheit mitgeben, zum Frühstück, Mittag- und Abendessen Schokoflakes zu essen ... wenigstens nicht, bis sie studiert. Dann ist es einfach billiger, dreimal täglich Cornflakes zu essen und sich für die spätabendlichen Lernmarathons ordentlich unter Zucker zu setzen. Also machen Sie es sich nicht nur zur Tradition, Büffetts zu plündern, sondern auch in der Suppenküche Ihrer Gemeinde oder der örtlichen Tafel zu helfen. Und wenn's sein muss, bringen Sie Vollkornkuchen mit!

Zum Nachdenken ...

1. Hat Gott Sie mit etwas gesegnet, das Sie mit anderen teilen können – selbst wenn es nur etwas zu essen ist?
2. Wie können Sie Ihren Kindern Werte beibringen, die ihnen nicht nur vermitteln, wie wichtig es ist, anderen zu helfen, sondern die sie auch geistlich wachsen lassen?

Lieber Herr, danke für die vielen Segnungen, mit denen du mich beschenkt hast. Danke, dass du immer für mich und meine Familie sorgst. Hilf mir, immer zu sehen, dass ich für andere da sein soll. Amen.

Prinzessinnenmentalität

Da Gott euch erwählt hat, zu seinen Heiligen und
Geliebten zu gehören, seid voll Mitleid und Erbarmen,
Freundlichkeit, Demut, Sanftheit und Geduld. Seid nach-
sichtig mit den Fehlern der anderen und vergebt denen,
die euch gekränkt haben. Vergesst nicht, dass der Herr
euch vergeben hat und dass ihr deshalb auch anderen
vergeben müsst. – Kolosser 3,12-13

Ich sollte auf einer Frauenkonferenz mit dem Thema »Prinzessinnenmentalität – eine Tochter des Königs werden« sprechen.
Am Abend zuvor versicherte mein lieber Ehemann Ron mir,
dass das Auto rechtzeitig vollgetankt bereitstehen und alles fertig
zum Aufbruch sein würde. Am Morgen klingelte mein Wecker
um 6.00 Uhr, damit ich um 7.45 Uhr beim Soundcheck war. Ich
kam aus dem Schlafzimmer und sah Ron, der auf dem Boden
lag und schlief. »Wir müssen los!«, sagte ich. Er reagierte nicht.
Ich schüttelte ihn an der Schulter und benutzte meine »Mama-
stimme«: »Ronald Andrew McGehee! Aufstehen!«, rief ich.

Wir kamen ans Auto und ich fragte: »Wo ist das ganze Zeug,
das du für mich einpacken wolltest?« Ron erwiderte verschlafen:
»Was für Zeug? Worum hast du mich gebeten?« Ich erklärte:
»Ich habe dich gestern Abend gebeten, meine Sachen einzupa-

cken, und du hast gesagt, du würdest dich darum kümmern, weißt du noch?« Er antwortete: »Da habe ich dich wohl nicht gehört. Ich war müde.« Meine Gedanken fingen an zu rasen. Mir schoss das Blut in die Adern in meiner Stirn, und die kurz bevorstehende Explosion war nicht mehr aufzuhalten.

Ich fing an, darüber zu wettern, wie enttäuscht ich war. In Nullkommanichts steckten wir in einem handfesten Streit, während wir eilig das Auto packten und uns auf den Weg machten, um den Frauen auf der Konferenz geistliche Erleuchtung zu bringen. Ich wusste, dass ich mich beruhigen sollte, aber ich wusste nicht, ob das körperlich möglich war.

Im Auto schrie ich Ron an: »Schau nur, was du angerichtet hast! Jetzt bin ich total wütend und mein Auftritt wird schiefgehen! Weil Gott ihn nicht segnen wird! Wir werden nichts verkaufen und unsere Ausgaben nicht decken können, weil du mich wütend gemacht hast und ich deswegen gesündigt habe!«

Ron erwiderte: »Kerri, du musst wirklich mal darüber nachdenken, welchem Gott wir dienen. Er ist nicht so rachsüchtig, wie du ihn darstellst.« Ron hatte recht, was mich nur noch wütender machte.

Gegen 7.38 Uhr hielt Ron auf der Schnellstraße langsam auf dem Seitenstreifen an und murmelte: »Ähm ... der Tank ist leer.« Ich war so schockiert, dass ich nicht einmal wusste, was ich antworten sollte. Ich wusste, dass wir auf jeden Fall zu spät zum Soundcheck kommen würden, und ich erinnerte mich auch daran, dass Ron versprochen hatte, tanken zu fahren. Diese beiden Tatsachen brachten meine Schläfenadern wieder heftig zum Pulsieren.

Quasi im nächsten Moment sah ich Ron mit einem Kanister buchstäblich durch den Verkehr rennen. Wir sollten uns für *Das ist spitze!* anmelden. Als Ron zurückkam, war ich kurz vor dem Durchdrehen ... und mein Mobiltelefon klingelte. Ich holte meine künstliche Telefonstimme hervor und sagte zu meiner Auftraggeberin: »Hallo Judy, bin gleich da!« Ich legte auf und sagte: »Okay, und was hast du zu deiner Verteidigung zu sagen? Hm?« Er erwiderte: »Kann ich für dich beten?« Ich dachte: *Was? Jetzt kommt er damit? Das kann doch nicht wahr sein!* Dann antwortete ich: »Meinetwegen kannst du beten, aber ich bin so sauer, dass ich nicht die Augen schließen werde! Und du solltest was richtig Gutes beten, denn in einer halben Stunde muss ich vor vierhundertfünfzig Frauen ›Superchrist‹ sein!«

Als ich auf der Konferenz eintraf, hatte ich noch ungefähr fünf Minuten, um mich vorzubereiten. Ich betete: »Gott, ich weiß, dass ich heute Morgen richtig versagt habe, aber ich brauche dich jetzt! Bitte vergib mir und hilf mir, für diese Frauen etwas Gutes zu tun.« Daraufhin hörte ich in meinem Herzen nur die Worte: »Erzähl ihnen von deinem Morgen!«

Ich betrat die Bühne und begann mit dem Satz: »Mein Mann hat heute Morgen vergessen zu tanken, und als der Tank leer war, habe ich ihm meine echte ›Prinzessinnenmentalität‹ gezeigt.« Sie lachten. Ich fuhr fort: »Wissen Sie, ich kann heute nicht anfangen, ohne Ihnen zu erzählen, wie schwierig es war, überhaupt hierherzukommen!« Dann sprach ich vor diesen Frauen darüber, dass wir immer wieder mal einen verrückten Morgen haben werden. Wir werden immer wieder hinfallen und uns vor anderen und hinter verschlossenen Türen zum Narren machen. Und ich sagte auch: »Das beste Geschenk, das wir uns und anderen machen können, ist, unsere ›Perfekter Christ‹-Maske abzusetzen und echt zu sein.«

An dem Morgen hat Gott mich überreich gesegnet, als ich davon erzählte, wie sehr ich mich immer wieder anstrenge, »perfekt« zu erscheinen. Das schien bei meinem Publikum Anklang zu finden. Nach dem Auftritt verkauften wir sämtliche Bücher, die ich mitgebracht hatte. Und als ob das noch nicht gut genug wäre, bewegte Gott die 450 Frauen dazu, einzeln zu Ron zu kommen und zu sagen: »Hey, Sie sind also der Typ, dem das Benzin ausgegangen ist? Gut gemacht, Schätzchen!« Gott ist auf meiner Seite!

Zum Nachdenken ...

1. Waren Sie schon einmal wahnsinnig wütend auf jemanden und haben unbarmherzig reagiert?
2. Was würden Sie heute in der gleichen Situation anders machen, wenn Sie könnten?

Lieber Herr, danke, dass du mich bedingungslos liebst und mir jedes Mal vergibst, wenn ich versage. Bitte erinnere mich daran, dass deine Barmherzigkeit für mich kein Ende hat, und hilf mir, mit anderen ebenso barmherzig umzugehen. Amen.

FÜNF DINGE, DIE EIN EHEMANN
ÜBER SEINE SCHWANGERE FRAU WISSEN MUSS

1. Ihre Frau verliert den Verstand

Ganz ruhig. Ich habe nicht das Wort »verrückt« benutzt. (Und zu meinem eigenen Schutz habe ich es sogar in Anführungszeichen gesetzt!) Kennen Sie das Buch »Blumen für Algernon?« Es ist eine Geschichte über einen geistig minderbemittelten Mann, der durch eine Operation superintelligent wird. Nach einer Weile lässt die Wirkung der Operation nach und er verfällt wieder in seinen minderbemittelten Zustand. – Ihre schwangere Frau erlebt Letzteres.

Wissen Sie, Frauen haben einen Supercomputer als Gehirn. Sie können tausend Dinge gleichzeitig tun. Den größten Teil dieser Fähigkeiten setzen sie fürs Shoppen, für Klatsch und Tratsch und für Facebook-Einträge ein. Aber jetzt haben sie einen Parasiten im System, der Mamas Supercomputer alle Nährstoffe aussaugt. Nach und nach sinkt Mamas Intelligenz auf das Niveau eines Regenwurms.

Springen Sie ein und gestatten Sie Ihrer Frau, es ganz ruhig angehen zu lassen. Der Supercomputer Ihrer Frau wird wieder online gehen. Und jetzt haben Sie gleich noch einen potenziellen Namen für Ihr ungeborenes Kind: Algernon.

2. Sie haben nichts gesehen!

In dem Film »Mr & Mrs Smith« hatte die von Angelina Jolie gespielte Figur im ganzen Haus alle möglichen Geräte und Vorrichtungen für Notfälle versteckt. In Ihrem Haus heißen diese Vorrichtungen »Schokolade«. Wenn Sie einen versteckten Vorrat finden, ignorieren Sie ihn. Wenn Sie spätabends Ihre Frau mit schokoladenverschmiertem Gesicht die Schränke durchwühlen sehen, sagen Sie nichts – dann werden Sie überleben. Denken Sie immer an das alte Mafia-Sprichwort: »Verräter landen im Hafenbecken.«

Ihre Frau muss viele Veränderungen verkraften. Versteckte Schokolade ist keine große Sache. Vielleicht können Sie sogar etwas zu den Vorräten beitragen. »Pssst, die Zartbitterschokolade mit Orange ist im Brotkasten!« Und wenn Sie sie nicht »sehen«, sieht sie vielleicht auch nicht die Chiliwürstchen, die Sie aus lauter Mitgefühl verdrücken.

3. Sie sind der Buhmann

Ich meine damit nicht, dass Sie an allem schuld sind ... aber Sie könnten es sein! Wenn sich herumspricht, dass Sie ein Kind erwarten, wird die Welt verrückt. Es sind dann keine kichernden Nachrichten auf dem Anrufbeantworter mehr, sondern Leute, die den Bauch Ihrer Frau streicheln wollen, weil es angeblich Glück bringt. Sie müssen da sein, um dem Einhalt zu gebieten. Wenn ein Verrückter auf Ihre Frau zurennt, ist das noch relativ einfach – aber wenn es sich um Freunde und Verwandte handelt, wird es kompliziert. Wenn Ihre Frau müde ist, Schmerzen hat oder niemanden sehen will, sagt nicht sie es den anderen, sondern SIE. Sie halten den Kopf hin und erklären allen, dass Ihre Frau keinen Besuch will. Sie sind der Buhmann – jetzt vielleicht zum ersten Mal, aber wenn das Kind erst geboren ist, wird sich diese Rolle fortsetzen. Zum Beispiel, wenn jemand Ihre Frau nach sechsunddreißig Stunden Wehen, ohne Dusche und ohne Make-up fotografieren will. Wenn ein solches Foto im Internet landet, wird Ihr Kind mit ziemlicher Wahrscheinlichkeit ohne Vater aufwachsen. Sie sind wie Batman – die meisten halten Sie für einen Schurken, aber in Wirklichkeit sind Sie der Held, der die Liebe seines Lebens beschützt. Nur, dass Sie keinen Gürtel mit allen möglichen Waffen und Werkzeugen tragen, sondern eine Gürteltasche.

4. Schwangerschaftsstreifen – auf die Plätze, fertig, los!

Während der Körper Ihrer Frau sich auf die Geburt vorbereitet, finden einige Umformungen statt. Ein großer Teil davon zeigt sich in zunehmendem Volumen. Ja, ich versuche hier taktvoll zu sagen, dass Ihre Frau dicker wird. Und bevor jetzt irgendjemand zuschlägt: Das ist eine Tatsache, die man überall nachlesen kann. Ihre Frau wird über diese Veränderungen besorgt sein. Glücklicherweise gibt es viele nützliche Mittel. Jeder Bereich ihres Körpers, der gerade einen Wachstumsschub erlebt, kann mindestens einmal täglich mit Kakaobutter eingerieben werden. (Vielleicht fragen Sie besser vorher ...)

Manche schwangeren Frauen leiden unter geschwollenen Füßen oder dem Ruhelose-Beine-Syndrom. Beides bedeutet, dass Fuß- und

Wadenmassagen ein Muss sind. Auf einer Website, die ich mal ichhof-femeinefreundefindendasnieheraus.com nennen will, habe ich gelesen, dass Pfefferminzöl sehr wirkungsvoll ist. Bei der Fußmassage sollten Sie darauf achten, nie die Ferse oder die Achillessehne zu massieren, weil das zu vorzeitigen Wehen führen kann. Und Sie wollen doch nicht, dass Ihr neuer Mitbewohner eintrifft, bevor Sie herausgefunden haben, wie das Kinderbettchen aufgebaut werden muss.

Schwangerschaftsstreifen sind Männern egal. Sie wollen nur, dass ihre Frau sich so wohl wie möglich fühlt. Also, wenn Ihre Frau möchte, dass Sie ihr die Knie mit Torfmoos polieren, dann tun Sie es. Ihre Frau ist es wert ... das und noch viel mehr.

5. Liebe ist alles

Man macht Fehler. Man schätzt eine Stimmung falsch ein. Man bekommt eins auf die Nase. Mit einer schwangeren Frau braucht man mehr als fünf Dinge zum Überleben. Darum muss alles, was man tut, in Liebe getränkt sein. Frauen haben Wünsche. Männer bemühen sich. Die Frustration wächst.

Wenn ich als Kind mit meinem Bruder mit unseren Walkie-Talkies spielte und nicht mit ihm sprechen konnte, wechselte ich den Kanal, um besseren Empfang zu haben. Manchmal hat er auch den Kanal gewechselt. Damit waren wir auf inkompatiblen Frequenzen. Wir hatten immer einen Basiskanal, auf den wir am Ende immer zurückgriffen, damit wir klar und deutlich miteinander reden konnten. Die Liebe ist Ihr Basiskanal. Ganz gleich, was man missverstehen oder was die Kommunikationskanäle blockieren könnte – Sie beide können immer auf die Liebe zurückgreifen und so klar und deutlich miteinander reden.

Kummer und Kämpfe

Der Herr ist allen nahe, die verzweifelt sind; er rettet
die, die den Mut verloren haben! – Psalm 34,19

Es ist 3.10 Uhr morgens und ich kann nicht schlafen. Heute war
Weihnachten und mein Freund ist gestorben. Er hatte Krebs,
und er hatte zu mir gesagt: »Ich werde nicht daran sterben!«
Alle glaubten ihm. Er war jung, er war Ehemann und Vater. Alle
beteten in festem Glauben und wussten, dass er diese Schlacht
gewinnen würde.

Die Mutter einer Freundin, die für mich wie eine liebe Verwandte ist, kam heute ins Hospiz und es heißt, sie hat nur noch
Tage zu leben.

Ich habe eine andere Freundin, deren Sohn in der Weih-
nachtswoche bei einem Autounfall ums Leben kam.

Ich habe keine Worte. Ich weiß nicht einmal, ob ich noch
Gebete habe. Ich verstehe diese Welt nicht. Ich weiß, dass der
heutige Tag mehr als alle anderen Tage von Freude und Feiern
erfüllt sein soll, doch mein Glaube steht unter Beschuss. Während ich nach meinen beiden eigenen Töchtern schaue, bricht
mir der Gedanke das Herz, dass genau in diesem Moment Eltern
den Verlust ihrer Kinder betrauern und Ehepartner den Verlust
des Menschen, den sie am meisten liebten. Es waren gute Men-

schen, Menschen, die die Bibel gelesen und an Jesus geglaubt haben, und doch kam der Tod in ihr Leben. Wie soll ich meinen Glauben behalten, wenn andere, die viel stärker waren als ich, ihren eigenen Kampf verloren haben?

Haben Sie einen geliebten Menschen, der krank ist, oder etwas in Ihrem Leben, das Ihren Glauben auf die Probe stellt? Wenn ja, dann ist dieses Gebet, das ich geschrieben habe, auch für Sie da:

Hör mein Gebet, o Herr. Hilf mir zu glauben. Ich wage nicht, dich zu bitten, dies alles verstehen zu können, denn bis ich dich von Angesicht zu Angesicht sehe, werde ich deine Wege mit meinem winzigen irdischen Gehirn nicht verstehen können. Ich weiß, dass du souverän bist, und ich weiß, dass dein Herz ebenso traurig ist wie meines, wenn du siehst, was in der Welt passiert: den Tod, das Sterben, die Ablehnung deines Sohnes. Es ist einfach einer jener Momente, in denen ich zugeben muss, dass ich mir eine Formel für Glauben wünsche. Eins plus eins gleich zwei. In deinem Wort, Vater im Himmel, heißt es, dass unsere Gebete erhört werden. Wir alle beten, dass unseren Lieben ein früher Tod erspart bleibt. Wer bin ich, dass ich dich infrage stelle? Ist das falsch? Ich weiß, dass du zu Hiob gesagt hast, er solle deine Wege nicht anzweifeln, doch David hat dir in den Psalmen oft seine Fragen entgegengeschleudert, wenn er in seiner Not zu dir rief, und du hast ihn einen Mann nach deinem Herzen genannt. Ich bin auch in Not, Gott. Als Mutter habe ich es nötig, an Wunder zu glauben. Als Tochter und Schülerin deines Wortes brauche ich immer noch die Hoffnung auf Heilung, denn wenn ich die nicht habe, weiß ich nicht, wie ich in dieser gefallenen Welt überleben oder Kinder großziehen soll. Ich kämpfe immer noch, glaube immer noch an diese großen Dinge, die du mir aufs Herz gelegt hast. Meine Kinder sind ein wandelndes Zeugnis deiner großen Macht. Du hast mir aufgetragen, weiter in Gebet, Fürbitte und Lob für meine Kinder zu kämpfen. Ich lobe dich, auch wenn ich die Ziellinie nicht sehen kann.

Vater, etwas in mir schreit danach, nicht so zu denken. Ich habe keinen Frieden, wenn ich an Versagen denke. Ich bin ihre Mutter, und irgendjemand muss sich für sie einsetzen. Sie schlafen so friedlich; ich kann nicht eine Sekunde ans Aufgeben denken. Ich kämpfe in dem Wissen, dass wir uns eines Tages wiedersehen werden. Aber Herr, ich brauche deinen Trost. Herr, ich brauche deine Kraft. Ich kann es ohne dich nicht schaffen. Statt mich zusammenzurollen und aufzugeben, bitte ich dich, mich stärker als je zuvor zu machen. Mach mich zu einer besseren Kämpferin – für mich selbst und für diejenigen, die du mir ans Herz gelegt hast. Ich werde nicht aufgeben. Ich werde mich an deine Verheißungen klammern, dem zum Trotz, was meine irdischen Augen sehen können. Der nächste Sieg liegt schon hinter der nächsten Ecke. Ich kann es in meinem Geist spüren, und dafür bin ich dankbar. Schon jetzt, da ich dir mein Herz ausschütte, kann ich spüren, wie Hoffnung in mir aufsteigt. Es ist nicht logisch, dass ich am liebsten losweinen, aber gleichzeitig auch dich dafür loben möchte, dass du meine Familie vor allen Angriffen gegen uns gerettet hast. Hilf mir, in meinem Gehirn die irdische Logik auszuschalten und mein Herz und meine Seele von dir heilen zu lassen, denn genau dort wirst du mir begegnen. Dort kann ich dich am besten hören. Mein Herz und meine Seele brauchen dich so sehr. Rede, Herr; ich höre.

Zum Nachdenken ...

1. Geben Sie in Ihren dunkelsten Zeiten Gott die Möglichkeit,
zu Ihnen zu sprechen?
2. Wie können Sie anderen helfen, in Zeiten von Prüfungen
und Anfechtungen Christus in Ihnen zu sehen?

Lieber Herr, danke, dass du unsere Gebete hörst. Danke
für alle erhörten und für alle unbeantworteten Gebete,
denn wir wissen: Du hast einen Plan und einen Sinn für
alles, selbst wenn wir ihn nicht sehen können. Amen.

Ich bin nicht dick,
ich bin schwanger

Anmut betrügt und Schönheit vergeht, aber eine Frau,
die Ehrfurcht hat vor dem Herrn, soll gelobt werden.
— Sprüche 31,30

Wenn Sie den Film *Mums' Night Out* noch nicht gesehen haben, müssen Sie das unbedingt nachholen. Anjelah Johnson spielt darin mit, und sie ist wunderbar. Wir lernten uns kennen, als ich schwanger war.

Meine Schwangerschaft sah man mir nach ungefähr drei Minuten an. Als ich im dritten Monat war, sollte ich an zwei Abenden bei einer Comedy-Show auftreten. Ich war ziemlich gut drauf, bis ich dieses superschlanke, supersüße Mädchen von etwa 23 Jahren hereinkommen sah. Ich konnte sie nicht einmal hassen, denn sie war nett zu mir und erzählte mir, wie ich sie als »saubere« Unterhaltungskünstlerin inspiriert hatte. Sie ist also nicht nur süß und dünn, sondern ebenfalls eine »saubere« Unterhaltungskünstlerin? Aber es kam noch schlimmer. Sie erzählte mir, dass sie auf christlichen Veranstaltungen auftritt. Ich dachte, ich wäre die »heiße Braut« der christlichen Comedy-Szene. Und jetzt will sie mir meinen Thron streitig machen? Ich wusste, dass dieser Tag kommen würde, aber ich war nicht darauf vorbereitet. Sie war gerade nach Los Angeles gezogen und hatte eine Rolle in einem Film mit Forest Whitaker bekommen. Dem Oscar-Gewinner Forest Whitaker!

Die Show begann und ich ging auf die Bühne, zog meinen Auftritt durch und fühlte mich ganz gut mit meiner Schwangerschaft, die auch prima zu meiner Comedy-Nummer passte. Und dann kam Anjelah und spielte mich in Grund und Boden. Mein Mann musste auf dem Heimweg anhalten und mir Donuts besorgen, damit sich meine Nerven beruhigten. Das funktionierte für zwei Minuten, und dann war ich wieder bei meinem Monolog darüber, wie viel dünner Anjelah war als ich. Schließlich hatte mein Mann die Nase voll und rief: »Du Dummerchen, du bist *schwanger*!« Ich antwortete: »Sie ist also hübscher und sexier als ich und du willst sie als sexy Ehefrau haben, stimmt's?« Er schob mir einen Donut ins Gesicht und ich schlief mitten im Kauen ein.

Am nächsten Morgen wachte ich auf und war fest entschlossen, wieder schlank zu sein – so schlank, dass ich in meine engen Größe-34-Jeans passte. Ich schnappte mir die Jeans und versuchte, sie anzuziehen. Ich überlegte, ob ich mir den Bauch einölen sollte, aber dann dachte ich mir, es müsse doch einen besseren Weg geben. Ich hatte eine wunderbare Eingebung und nahm ein rosa Gummiband, das ich zwischen Knopf und Knopfloch spannte.

Ich konnte die Hose zwar nicht zuknöpfen, aber so hielt sie wenigstens. Schnürte mir das die Blutzufuhr ab? Ja! Aber wichtiger war die Frage, sah ich in diesen Jeans gut aus? Ja! Atmen wird sowieso überbewertet.

Anjelah eröffnete die Show am nächsten Tag mit einem weiteren frechen Auftritt. Ich beschloss, dass wir Freundinnen werden könnten ... *nachdem* mein Baby geboren war. Schließlich war ich an der Reihe. Ich bekam eine Menge Lacher – ein gutes Gefühl. Ich war wieder in meinem Element und beschloss, meinen grandiosen Witz über Pilates zu bringen, zu dem allerdings besondere komische Bewegungen gehörten. Das große Finale war ein Tritt in die Luft. Ich brachte die Pointe, und in dem Moment, als mein Bein sich in die Luft hob, hörte ich nur noch einen leisen Knall und ein »Plopp«. Dann sah ich das Gummiband von meinem Jeansknopf durch die Luft segeln und auf dem Boden vor mir landen. Das Gummiband war groß und neonpink, und als es losflog, schien es direkt von meinem Bauchnabel zu kommen.

Ich sollte außerdem erwähnen, dass meine Jeans rasch an meinen Oberschenkeln herunterzugleiten begann, weil mein riesiger Schwangerschaftsbauch jetzt so hervorstand, dass er nicht mehr zu ignorieren war. Ich sah aus wie eine überquellende Dose Fertighefeteig. In der einen Hand hatte ich das Mikrofon und konnte unmöglich einhändig meine Jeans daran hindern, ganz herunterzurutschen (womit das Ganze dann nicht mehr jugendfrei gewesen wäre).

Ich dachte mir: *Kerri, du bist schwanger und musst dich damit abfinden. Außerdem bist du Comedian und kannst diese Situation zu deinem Vorteil nutzen.* Ich erklärte also dem Publikum: »Ach, und falls es Ihnen noch nicht aufgefallen ist: Ich bin nicht dick, ich bin nur schwanger! Ja, solche Sachen passieren, wenn man kein Kabelfernsehen hat!« Das Publikum applaudierte. Triumphierend hob ich das kaputte Gummiband auf und watschelte ebenso triumphierend von der Bühne.

Wenn ich heute, zwei Kinder später, auf jenen Abend zurückblicke, muss ich lachen. Ich muss auch gestehen, dass ich immer noch diese enge Jeans besitze. Sie liegt gaaaaanz hinten in meinem Kleiderschrank. Ich behalte sie als Erinnerung daran, dass ich noch Ziele habe, und sie wegzuwerfen, würde bedeuten, mich geschlagen zu geben. Allerdings habe ich auch Schokolade in meinem Kleiderschrank versteckt, was mich wahrscheinlich irgendwie daran hindert, mein Ziel zu erreichen.

Ich bereue es keine Sekunde, schwanger geworden zu sein. Ich weiß, dass Gott mich mit einem Körper geschaffen hat, der dazu da ist, Leben in die Welt zu bringen. Enge Jeans hat er jedoch nicht erschaffen – die kommen vom Teufel. Wir Mütter hatten alle schon einmal verrückte Schwangerschaftsmomente, und das gehört alles zum Muttersein dazu. Alles in allem betrachtet, war schwanger zu sein echt eine wunderbare Erfahrung. Wie kreativ ist Gott, dass er uns gestattet, ein echtes menschliches Leben neun Monate lang in uns zu tragen! Und unter Garantie sitzt Gott im Himmel, lacht und denkt sich: *Mama, das war noch gar nichts!*

Zum Nachdenken ...

1. Was haben Sie aus dem Muttersein gelernt? In welchem
   Verhältnis steht es zu Gottes Liebe zu Ihnen?
2. Spielt Lachen eine wichtige Rolle in Ihrer Erziehung
   und in Ihrer Ehe? Warum oder warum nicht?

Lieber Herr, hilf mir zu lachen, auch wenn die Situation
nicht gut ist. Danke, dass du mir das Vorrecht gegeben hast, deine Kinder in diese Welt zu bringen. Ich bin
dankbar für die Narben, die ich als Beweis davongetra-
gen habe. Amen.

Wo werden wir stehen?

Glücklich zu preisen sind die, die um der Gerechtigkeit willen verfolgt werden; denn ihnen gehört das
Himmelreich. – Matthäus 5,10[3]

Ich weiß, dass wir Mütter unseren Kindern ein gutes Vorbild
geben wollen. Obwohl ich weiß, dass ich tausendfach kläglich
versagt habe, wünsche ich mir, dass sie zu mir aufsehen und das
Leben bewundern, das ich geführt habe. Ich denke da an eine
Zeit in meinem Leben, als ich gerade meine Laufbahn als Schau-
spielerin begonnen hatte. Ich spielte Figuren nach Drehbüchern,
die bereits für mich geschrieben worden waren. Nachdem ich
meine Lektion gelernt hatte, begann ich, als Stand-up-Comedian
zu arbeiten, und hatte nun die Freiheit, Dinge zu sagen, die mir
wichtig waren. Jetzt hatte ich die Kontrolle, die wir Alpha-frau-
en so lieben.

Eines Abends hatte ich einen Auftritt in einem berühmten
Comedy-Club in Hollywood, zusammen mit anderen Künstle-
rinnen, die widerwärtige sexuelle Witze rissen. Ich konnte nur
das Beste hoffen. Das Publikum liebte meine Witze und Kommentare wie: »Wir Christen sind jetzt gerade total in! Wir sind

---

[3] Neue Genfer Übersetzung.

die neue Kabbala!« Ich wusste, dass ich weiterhin furchtlos zu meinem Glauben stehen und natürlich mein Handwerk gut beherrschen musste.

Im Publikum saß ein Fernsehproduzent, der mich nach dem Abend ansprach. Er sagte, er wollte mit mir über mögliche Fernsehrollen sprechen, die mein Leben als »braves Mädchen« zur Grundlage hatten. Er war wirklich fasziniert und fand, es wäre eine erfrischende Abwechslung, eine »saubere« Sitcom zu machen. Wir trafen uns ein paarmal und er wollte gern mit mir arbeiten. Ich war ganz neu in der Comedy-Szene, aber ich wusste aus Erfahrung, dass Film- und Fernsehangebote eine große Sache waren.

Eines Abends arrangierte dieser Produzent eine Show im größten Comedy-Club in Los Angeles, bei der ein großer Hollywoodmanager mich sehen würde. Ich weiß noch, wie nervös ich an diesem Abend war. Der Mann, der am Kartenverkauf arbeitete, war ein Freund von mir und ein Künstlerkollege. Er sah, dass ich nervös war, und tat etwas ganz Seltsames. Er schloss seinen Schalter, kam zu mir und betete mit mir. Das hatte noch nie jemand in der Öffentlichkeit getan, und es war eine unglaublich liebe Geste. Mein Auftritt lief sehr gut; die Reaktion war positiv. Der Produzent rief mich an und das Erste, was er sagte, war: »Du hast also tatsächlich die Gottnummer gebracht, hm?« Ich wusste nicht, was er meinte. Er fuhr fort: »Weißt du, du hast auf der Bühne mehrmals Gott erwähnt. Da wirst du schnell in einer Schublade landen.« »In was für einer Schublade?«, fragte ich. »Du weißt schon, in der christlichen Schublade. Wenn du in dieser Stadt Erfolg haben willst, musst du deinen Glauben zurücknehmen und darfst nicht so offen damit umgehen. Ich habe sogar gesehen, wie du vor dem Auftritt gebetet hast. Das ist ein schlechter Schachzug, wenn du erfolgreich sein willst.« Ich war schockiert und fühlte mich, als hätte ich einen Schlag in die Magengrube bekommen. Ich wusste nicht, wie ich damit umgehen sollte.

In meiner »Stillen Zeit« stieß ich auf Matthäus 5,10: »Glücklich zu preisen sind die, die um der Gerechtigkeit willen verfolgt werden; denn ihnen gehört das Himmelreich.« Ich dachte: »Wow; das gibt es wirklich, und es tut weh. Aber es ist mir eine Ehre, zum ersten Mal in meinem Leben für Jesus einzutreten.« Ich rief den Produzenten an und teilte ihm höflich mit, dass mein Glaube mir viel wichtiger war als alles, was er oder Hollywood mir zu bieten hatten. Ich wusste, dass ich Gott vertraute. Er würde mir alle Fernseh- und Kinorollen der Welt geben, wenn es in seinen Plan passte. Ich sagte dem Produzenten, dass ich, wenn ich einmal vor Gott stehe, auf jeden Fall in die Christenschublade gesteckt werden will, weil das meine Leute sind.

Ich habe viel mehr Chancen erhalten, als ich mir je hätte wünschen können. Ich hatte Auftritte bei der *Tonight Show* und auf *Comedy Central*, um nur zwei zu nennen. Ich war sogar bei *Showbiz Tonight*, weil ich Christ bin! Und erinnern Sie sich noch an den Mann vom Kartenverkauf? Tja, den habe ich geheiratet! Sehen Sie? So gut ist Gott! Ich hoffe, dass meine Kinder durch mein Vorbild sehen werden, dass Gott mich nie im Stich gelassen hat, wenn ich getan habe, was er wollte. Ich möchte ihnen zeigen, dass ich in meinem Leben Gott immer den ersten Platz einräume und dass Gebet wirklich funktioniert.

Zum Nachdenken ...

1. Sind Sie in Ihrem Leben schon einmal um Ihres Glaubens willen verfolgt oder benachteiligt worden? Erzählen Sie Ihren Kindern davon und nutzen Sie die Gelegenheit, ihnen etwas beizubringen.
2. Wie können Sie Ihren Kindern beibringen, für ihren Glauben einzustehen? Sprechen Sie mit ihnen darüber, wie wichtig es ist, Jesus zu bezeugen, auch wenn es schwierig ist.

Gott, danke, dass du immer hinter mir stehst. Danke, dass du mir den Mut gibst, für dich einzustehen, auch wenn es schwer ist. Hilf mir, meinen Kindern ein gutes Vorbild zu sein und ein Leben zu führen, auf das sie stolz sein können. Amen.

Langsamer Tanz

Wenn du durch Wasser gehst, werde ich bei dir sein.
Ströme sollen dich nicht überfluten! Wenn du durch Feuer
gehst, wirst du nicht verbrennen; die Flammen werden
dich nicht verzehren! – Jesaja 43,2

Neulich passierte etwas Verrücktes. Eines Abends, als ich eine
der Andachten für dieses Buch schrieb, hörte ich meine dreijährige Tochter in ihrem Zimmer weinen. Es war 21.30 Uhr. Ich
hörte auf zu schreiben, um nach ihr zu schauen. Sie stand in
ihrem Kinderbettchen mit weit ausgebreiteten Armen und wartete darauf, dass ich sie hochnehme. In ihrem spärlich beleuch-
teten Zimmer lief eine CD mit Lobpreismusik, und ihre ältere
Schwester schlief tief und fest. Ruby wollte nicht schlafen, sie
wollte, dass ich sie auf den Arm nahm und mit ihr tanzte.

Rubys Spitzname ist »Party im Kinderbett«, weil sie nie schlafen will. Sie singt einfach vor sich hin und springt die ganze Nacht
herum, bis sie umfällt und einschläft. Wir können sie noch nicht
ein normales Bett legen, weil sie binnen drei Sekunden heraus-
hüpfen würde. Obwohl sie schon drei Jahre alt ist, tue ich alles, was
ich kann, damit sie noch ein wenig mein »Baby« bleibt, weil sie
mein jüngeres Kind ist. Außerdem ist sie sehr klein und zierlich,
also stelle ich mir gern vor, ich könnte sie immer noch in den Ar-

men wiegen, auch wenn ihr das ganz und gar nicht gefällt! Sie will frei sein. Wenn sie umarmt werden will, auch nur für eine Sekunde, bin ich da. Ich nehme, was ich bekommen kann. Je älter die Kinder werden, umso seltener wollen sie kuscheln, scheint mir.

Ruby schaute mich an und fragte: »Hoch, Mama?« Also nahm ich sie auf den Arm und hielt sie fest. Ich roch an ihrem Haar und sofort blitzte eine Erinnerung auf, dass ich die gleiche Lobpreis-CD gehört hatte, als sie als Säugling auf der Neugeborenen-Intensivstation im Universitätsklinikum von Los Angeles lag. Ich durfte nicht mit ihr tanzen oder sie von all den Drähten und Maschinen befreien, die sie buchstäblich am Leben hielten. Wir wohnten in der Zeit praktisch im Krankenhaus, und meine Gefühle liefen auf Autopilot. Ich wusste, wenn ich jetzt irgendwelche christliche Musik anhörte, würde ich den Verstand verlieren und mich vielleicht nie wieder erholen.

Eines Tages, als ich daheim war und mich ausruhte, betete ich inständig zu Gott und stellte genau diese CD an. Einen Moment später ging ich weinend auf die Knie. Ich schrie zu Gott, und während der Teppich von meinen Tränen immer nasser wurde, konnte ich nicht anders als beten. Diese Gebete halfen mir, für meine Tochter zu kämpfen. Ich glaubte, dass ich Gott auch in dieser unglaublich beängstigenden Situation vertrauen konnte. Ich brachte die Musik mit an ihr Kinderbettchen im Krankenhaus und ließ die CD rund um die Uhr laufen. Ruby brauchte eine starke Mama, und ich würde sie nicht im Stich lassen. Die Ärzte sagten, dass sie mehrere unheilbare gesundheitliche Einschränkungen hatte, sodass sie in den kommenden Jahren auf Sauerstoff und Medikamente angewiesen sein würde.

Sie sagten auch, dass sie vielleicht nie ohne Beinschienen oder ein Gehbänkchen laufen können würde; doch ich betete um Heilung. Ich verließ mich auf Gottes Verheißungen, vertraute ihm und lobte ihn. Zunächst verstand ich nicht, warum ich ihn loben sollte, doch ich tat es trotzdem. Ich lobte ihn von meinem Platz auf dem Boden aus, und das war in Ordnung so.

Nun hielt ich meine gesunde, energiegeladene, wunderschöne, singende Ruby Joy in den Armen, und wir tanzten. Der Text auf der CD wiederholte sich immer wieder: »Du bist schön in meinen Augen, so schön.« Ich sang es meiner Tochter zu, doch tief im Herzen wusste ich, dass Gott mich in ihr Zimmer hatte kommen lassen, damit er es mir zusingen konnte: »Meine Tochter Kerri, du bist schön, so schön in meinen Augen.« Gott hatte mich gerufen, damit ich in diesem Zimmer einen Augenblick mit ihm allein verbringen konnte. Ich war froh, dass ich auf ihn gehört hatte. Mir wäre einer der besten langsamen Tänze seit langer Zeit entgangen, wenn ich zu beschäftigt gewesen wäre.

Sie konnten nicht wissen, wie sehr sich Ihr Leben ändern würde, als Sie Ehefrau und Mutter wurden. Ich bin mir sicher, dass Sie anfangs auch über den möglichen Verlust an Freiheit nachdachten – doch schauen Sie nur, wie erfüllt Ihr Leben ist, weil Sie Gott vertraut haben. Ich bin mir sicher, dass Sie, so wie ich, viel gelernt haben und wirklich sagen können, dass Sie dankbar für die Herausforderungen sind, die Sie mit Ihrem Mann und Ihren Kindern durchgestanden haben. Ich weiß, es klingt vielleicht verrückt, aber genau durch diese Herausforderungen sind Sie besser gerüstet, Ihren Kindern in zukünftigen Krisen eine gute Mutter zu sein. Vergessen Sie nie, dass Sie Gott vertrauen können und dass er immer auf Ihrer Seite steht, ganz gleich, in welchem Kampf. Er wird Sie *nie* allein kämpfen lassen.

Zum Nachdenken ...

1. Gehen Sie gerade durch »tiefes Wasser«, durch eine Situation, deren Ausgang Sie noch nicht absehen können? Haben Sie etwas Ähnliches schon früher einmal erlebt? Wie sind Sie damals hindurchgekommen und was haben Sie gelernt? 2. Was hat Gott benutzt, um Sie auf sich aufmerksam zu machen? Musik? Sein Wort?

Lieber Vater Gott, danke, dass ich Momente mit meinen Kindern erleben darf, in denen du mir zeigst, wie unendlich deine Liebe zu mir ist. Danke, dass du mich daran erinnerst, dass ich durchs Wasser gehen kann, ohne zu ertrinken, selbst wenn meine Tränen mich zu ertränken drohen. Du bist mein starker Turm. Du bist mein Retter. Danke! Danke! Amen.

Diät-Rebellin

Wenn wir Jesus immer besser kennenlernen, gibt seine
göttliche Kraft uns alles, was wir brauchen, um ein
Leben zu führen, über das sich Gott freut. Er hat uns
durch seine Herrlichkeit und Güte berufen!
— 2. Petrus 1,3

Irgendwann Mitte November gab mir eine Freundin den Rat,
während der Feiertage eine Diät zu machen. Sie sagte stolz: »Wir
sehen uns im Januar, Schwächling!« Ich wusste genau, was sie
meinte. Ich hatte fleißig Diät gehalten und Sport gemacht, weil
dieses Jahr mein 40. Geburtstag war und ich in ein hautenges
Kleid passen wollte. Also tat ich alles, was nötig war, um das
zu schaffen. Und dann machte ich meine ganzen Bemühungen
mit meinem irrsinnigen Geburtstagsgelage zunichte. Bis zu meiner Party hatte ich Zucker, Limo, Brot und Nudeln gemieden;
doch am nächsten Morgen gingen wir zum Geburtstagsbrunch
aus und ich mampfte glückselig Arme Ritter und Brathähnchen.
Immerhin war mein Geburtstagswochenende noch nicht vorbei.
Die Thanksgiving-Feiertage haben sich dann irgendwie an mich
herangeschlichen. Ich war nicht nur aus dem Abnehm-Zug aus-
gestiegen; er stand auch auf dem Abstellgleis und weit und breit
war kein Lokführer in Sicht. Ich wusste, dass ich ein Problem

hatte, als ich direkt nach Thanksgiving Klamotten kaufen ging und das Kaufhaus Gemeinschafts-Anproberäume hatte. Zuerst geriet ich in Panik, als ich in dem unvorteilhaften Neonlicht meine immer ausladenderen Kurven betrachtete. Doch als ich mich im Raum umschaute und die anderen etwa dreißig Frauen sah, die sich in enge Jeans stopften, wurde mir klar, dass ich ganz gut mithalten konnte. Also blieb der Zug den Rest des Jahres 2013 auf dem Abstellgleis stehen.

Ende Dezember war ich bei meinen Eltern, und das ist ein kulinarischer Sündenpfuhl. Ich beschloss, alles zu essen, was ich wollte und wann ich es wollte. Der grandiose Plan dahinter war, mir am 1. Januar ein Laufband zuzulegen. Es ist ja nicht so, als hätte ich keinen Plan gehabt. Ja, ich habe Limo getrunken, Schokoriegel und Pfefferminzschokolade gegessen und ein völlig freies Leben geführt – na und? Ich wusste, dass es nicht gut für mich war, aber um es mit den Worten der Countrymusik-Legende Barbara Mandrell zu sagen: »If lovin' you is wrong, I don't want to be right.« (»Wenn dich zu lieben falsch ist, will ich gar nicht recht haben.«) Das sang ich allen Weihnachtssüßigkeiten vor. Ich hatte das Gefühl, eine Abhängige zu sein, die gerade auf einem Trip war, doch ich wusste, es war ein Ende in Sicht. Ich wollte nur sehen, wie tief ich sinken konnte, bevor ich wieder auf dem Boden der Tatsachen landen würde. Es war herrlich, mit Süßigkeiten und Popcorn im Kino zu sitzen und mich nicht selbst zu verurteilen. Ich war in einer Drogerie und kaufte doch tatsächlich einen Schokoriegel und eine Limo! Ich wollte nicht, dass meine Kinder mich sehen, weil ich ihnen immer predige, dass Limo vom Teufel ist und Schokolade »das Gehirn weich macht«. Ich glaube, sie wussten nicht, wie weit ihre Mutter vom Zug der gesunden Ernährung abgesprungen war. Aber irgendwie gefiel es mir.

Heute frage ich mich, war das eine gute Entscheidung? Was würden meine Löwenzahntee trinkenden Freunde denken? Ist es in Ordnung, ab und zu mal eine Pause vom Bioessen einzulegen, damit ich nicht verhungere (ich mach nur Spaß!)? Im Januar hatte ich große Ziele: selbst gekochtes Essen und selbst gemachte Smoothies zu produzieren und nicht mehr jede Woche mit den Kindern Tiefkühllasagne zu essen. Ist mein Leben als Ehefrau und Berufstätige so durchstrukturiert und verklemmt, dass ich völlig durchdrehen und wochenlang wie eine Studentin essen muss, um ein wenig Freiheit zu empfinden? Manche Menschen essen ständig so, und bei mir waren es nur ein paar Wochen. Wen kümmerte es schon, dass ich übergroße Kleidung trug und mir Weihnachtspullover von meiner Mutter auslieh? Wen kümmerte es, dass ich schon Ewigkeiten keine Waage mehr gesehen hatte, weil ich die Konsequenzen nicht spüren wollte? Gab ich meinen Kindern ein schlechtes Vorbild, selbst wenn sie es nicht wussten?

Ich fühlte mich wie eine Heuchlerin. Hatte meine Mutter so etwas getan? Vernachlässige ich es, gut für den Körper zu sorgen, den Gott mir gegeben hat? Wenn mein Körper ein Tempel ist, brauche ich bald einen gründlichen Frühjahrsputz, denn er ist verstopft von Cola und Keksen. Ich frage mich, was Gott von meinem ständigen Selbstbetrug hält. Darauf habe ich nicht alle Antworten, aber immerhin geben diese Fragen mir etwas, an dem ich mir die Zähne ausbeißen kann ...

Zum Nachdenken ...

1. Haben Sie schon einmal völlig Ihre Gesundheit ignoriert?
Wie haben Sie sich dabei gefühlt?
2. Wie kam es zu dieser Entscheidung? Sind Sie später
wieder zu einem gesünderen Lebensstil zurückgekehrt?

Lieber Gott, ich bin so gestresst, und das zeigt sich in letzter Zeit in meinem Verhalten. Ich weiß, dass du mich nicht verurteilst, aber du willst, dass ich gut auf mich achte. Ich brauche Hilfe, um wieder ins Gleichgewicht zu kommen, und ich weiß nicht einmal, wo ich anfangen soll. Bitte zeig mir ein paar praktische Ansatzpunkte. Amen.

Schmutzig

Wie ihr seht, geht es mir nicht darum, Menschen zu gefallen! Nein, ich versuche, Gott zu gefallen. Wollte ich noch Menschen gefallen, wäre ich kein Diener von Christus. — Galater 1,10

Wenn ich Kindererziehung mit einem Wort beschreiben sollte, wäre es »schmutzig«. Und das meine ich ganz wörtlich. Neulich war ich mit meinen Kindern und einem ihrer Freunde auf dem Bauernmarkt. Als wir endlich unsere Crêpes und Beilagen bestellt und einen Tisch an der frischen Luft gefunden hatten, waren die Kinder und ich schmuddelig. Ich habe wirklich das Gefühl, es gibt nicht genügend Feuchttücher auf der Welt, um hinter mir und den Kindern herzuputzen. Das ist nicht ihre Schuld. Es ist vererbt. Meine Mutter kleckert, ich kleckere und Kinder kleckern noch mehr. Ich glaube, ungefähr siebzig Prozent meines Lebens verbringe ich mit Putzen. Ich bin nicht im eigentlichen Sinn zwanghaft … ich kann nur nicht durch mein Haus gehen, ohne sofort irgendetwas wegzuputzen oder aufzuräumen. Selbst im Urlaub werfe ich Dinge in den Mülleimer, noch bevor ich auf die Toilette gehe oder mich hinsetze. Kommt Ihnen das bekannt vor? Ich glaube, alle Mütter haben einen Hauch von dieser Krankheit.

Als ich allein lebte, kam ich noch damit zurecht, aber jetzt wohnen kleine Menschen und ein ausgewachsener Mann in meinem Haus, und ich kann nirgendwohin ausweichen. Die Unordnung und der Schmutz scheinen sie nicht so zu stören wie mich. Ich kenne jeden schlauen Spruch à la: »Wenn die Kinder aus dem Haus sind, wird es immer blitzblank sein. Jedes Sockenpaar wird komplett – und ich traurig sein.« Ich versuche, mir das immer wieder zu sagen, wenn ich Knete aus dem Teppich kratze oder meiner Dreijährigen Schokolade aus den Haaren wische, fünf Minuten *nachdem* ich sie gebadet habe.

Ich fühle mich einfach ständig nur dreckig und frage mich, wie es anderen Müttern geht. Eine ziemlich berühmte Freundin von mir hat auch Kinder. Sie ist so hübsch und so organisiert und anscheinend *immer sauber!* Ich habe sie noch nie in etwas anderem als Designerklamotten gesehen, und selbst beim Backen sieht sie sauber aus. Denken Sie, dass berühmte Mütter ein Kindermädchen haben, das ihnen auf Schritt und Tritt folgt und jeden Krümel von ihrem frisch gewischten Boden aufhebt, kaum dass er heruntergefallen ist?

Manche Mütter wirken einfach so perfekt, und ich frage mich, wie ich überhaupt weiter mit ihnen befreundet sein kann. Ich würde manchmal einfach nur gern einen winzigen (okay, riesigen) Fehler an ihnen finden, damit ich mich besser fühle. Nur ein einziges Mal möchte ich zu meiner perfekten Freundin kommen, in das Haus mit den neun Weihnachtsbäumen, die sie alle persönlich geschmückt hat, und Berge von Schmutzwäsche in ihrem Schlafzimmer versteckt sehen. Ich würde zu gern wissen, wie sie mit mexikanischem Essen auf ihrem Pullover aussieht … und trägt sie jemals ein Kleidungsstück, das nicht zu den anderen passt?

Vielleicht, vielleicht auch nicht; aber warum ist mir das so wichtig? Warum vergleichen wir uns immer mit anderen? Und irgendwie wird es noch schlimmer, wenn wir Eltern werden. Es ist so, als gäbe es einen unausgesprochenen Wettbewerb, die liebenswerteste, gesittetste und sauberste Familie auf dem Planeten zu haben. Ich glaube, einige der Mütter, mit denen ich »konkurriere«, wissen nicht einmal, dass sie besser sind als ich. Ich muss damit aufhören. Ich muss einen Gang zurückschalten, mir die Taco-Soße vom Pullover wischen und mein Leben genießen. Meine Kinder werden nie wieder in diesem Alter sein. Ich werde diesen Augenblick nicht zurückbekommen. Ich möchte es wagen, mehr Augenblicke voll auszukosten, statt zu versuchen, sie »sauber zu machen und zu überleben«. Wen kümmert es, wenn meine Kinder heute Abend nicht gebadet werden? Es gibt einen *SpongeBob*-Marathon im Fernsehen, und die Schokoladenbrezeln essen sich nicht von allein! Ich weiß, dass ich nicht über Nacht aufhören werde, mich mit anderen zu vergleichen. Ich bin ja auch nicht über Nacht so geworden. Das hat Jahre gedauert. Aber wenigstens will ich es trotzdem versuchen. Das sollten wir bei uns anerkennen. Gott kann uns verändern, wenn wir bereit sind, zu versuchen, uns zu ändern. Während ich diese Zeilen schreibe, hängt meine Tochter an mir und will, dass ich spielen komme. Ich glaube, Lucy und ich werden jetzt nach unten gehen und ein wenig ungestörte Zeit miteinander verbringen – und ich werde ihr den Kartoffelbrei erst später aus den Haaren wischen. Das ist immerhin ein Anfang …

Zum Nachdenken ...

1. Leiden Sie auch an einer Mütter-Zwangsneurose,
wenn es ums Putzen geht?
2. »Überleben« Sie bloß die meisten Momente mit Ihren
Kindern, oder genießen Sie diese wertvollen Augenblicke?
3. Was würden Sie in diesem Bereich gern verändern?

Lieber Gott, ich will mich nicht durch das Vergleichen
mit anderen Menschen verrückt machen. Das ist ein
Verhaltensmuster, das nicht gesund ist, und ich brauche deine Hilfe, um etwas dagegen zu unternehmen.
Hilf mir, jeden Augenblick so wertzuschätzen, wie er
kommt, und meine »Überlebensmentalität« zu durch-
brechen, damit ich mehr Spaß mit meiner Familie haben
kann. Amen.

Beißverein

Sorgt euch um nichts, sondern betet um alles. Sagt Gott, was ihr braucht, und dankt ihm. – Philipper 4,6

Es gibt Vereine, denen wollte ich *nie* beitreten. Einer davon ist der »Beißverein«. Wenn Sie ein Mitglied von diesem Verein sind und dieses Kapitel lesen, können Sie mit mir mitfühlen. Buchstäblich! Mein Kind war ein Raubtier. Das habe ich bei der Ultraschalluntersuchung nicht kommen sehen. Ich meine, wir wussten von all diesen Untersuchungen, dass sie begabt ist; wir hatten nur keine Ahnung, wie sich das praktisch in den siebenundvierzig Gemeinde-Kindergruppen auswirken würde, aus denen sie höflich, aber bestimmt hinausbefördert wurde. Können Sie glauben, dass man ein einjähriges Kind rauswerfen kann? Wir konnten sie nicht länger als sieben Minuten in der Kinderbetreuung lassen, bevor wir eine SMS mit der Bitte bekamen, sie abzuholen. Es hieß dann: »Vielleicht fühlt sie sich bei Ihnen wohler«, was im Klartext bedeutete: überall, nur nicht hier.

Wissen Sie, wenn man sein Kind in der Kinderbetreuung der Gemeinde abgibt und einen Zettel mit einer Nummer bekommt, hört man nicht mehr auf die Predigt, sondern starrt nur auf die Leinwand und denkt: *Bitte ruft nicht die 232 auf!* Solche Zwischenfälle ereigneten sich im Übrigen nicht nur sonntags. Sie biss ständig, in allen möglichen Situationen. Ich probierte alles aus, sogar die schlimmsten Strategien. Einmal biss ich sie sogar zurück. Sie weinte. Ich weinte. Dann schlug sie am nächsten Tag wieder zu. Offenbar hilft es nicht, einer Einjährigen zu erklären, dass »an den Haaren ziehen besser ist, weil es keine Narben hinterlässt«. Sie biss jeden und alles, was ihr unter die Augen kam.

In allen Büchern hieß es, das würde sich mit zunehmendem Alter geben. Die haben leicht reden! Sie haben nicht jedes Mal eine Panikattacke, wenn ihr Kind mit anderen Opfern ... ähm, ich meine: Kindern auf eine Hüpfburg klettert. Es wurde so schlimm, dass sie sogar die Katze meiner Friseurin biss. Das war der absolute Tiefpunkt ... die Katze meiner Friseurin?

Es war eine Zeit der Isolation. Ich verließ die Krabbelgruppe, weil sie anderen Kindern buchstäblich Narben zufügte. Befreundete Mütter versuchten, mich zu trösten, doch wenn sie nicht auch im »Beißverein« waren, konnten sie es nicht verstehen. Ich hatte Angst, dass dieses Problem sich bis ins Erwachsenenalter fortsetzen würde. Es war das schwerste Problem, das ich als Mutter je zu bewältigen hatte, und das Schlimmste daran war das Gefühl völliger Hilflosigkeit. Jetzt ist sie sechs Jahre alt und ich sehe, dass diese Phase in ihrem Leben eine wertvolle Lektion von Gott war. Nein, wir können das Verhalten unserer Kinder nicht ändern. Sie werden dumme Dinge tun, die anderen Menschen, sich selbst und uns wehtun werden. Das *wird* passieren. Doch was wir in diesem Moment tun, wird unseren mentalen Daseinszustand definieren. Ein »Beißkind« zu haben, bedeutete wahrscheinlich nur ein Tausendstel des Schmerzes, den eine Mutter empfindet, deren Kind drogenabhängig ist oder sich von

Gott abgewendet hat und in alle möglichen schlimmen Situationen gerät. Wir weinen, wir beten und wir geben unser Bestes, um keinen Nervenzusammenbruch zu bekommen.

Kinder zu haben, brachte alle meine Kontrollzwänge an die Oberfläche. Ich musste sie rasch bewältigen, damit ich die noch bevorstehenden Herausforderungen überleben konnte. Die Wahrheit ist: Nichts, was ich tat, brachte Lucy dazu, mit dem Beißen aufzuhören. Die Phase verging einfach. Sie lernte zu sprechen, und die Sache gab sich. Mir wurde klar, dass das Beißen ihre Art war, sich auszudrücken, wenn sie keine Worte dafür hatte. Wenn mich heute ihre Lehrer nach der Schule anrufen und sagen, dass Lucy einen Wutanfall hatte und ein Spielzeug kaputt gemacht hat, frage ich nur leise: »Hat sie jemanden gebissen?« Wenn die Antwort Nein ist, ist es kein großes Problem. Ich weiß, dass ich Mitglied im »Beißverein« bin. Ich kann alles überleben. Außerdem werden die »Beißkinder« wahrscheinlich einmal ein Land regieren. Wir Mütter müssen es nur schaffen, ihre Kräfte zum Guten nutzbar zu machen, nicht zum Bösen.

Gott hat mir diese temperamentvolle Tochter als Geschenk gegeben. Das Geschenk besteht darin, dass sie mich an meine Grenzen bringt und mir hilft, widerstandsfähiger und stärker zu werden und mehr zu beten. Eines Tages werde ich ihr danken, aber nicht, bevor sie dreißig wird. Ich will nicht, dass sie noch eingebildeter wird, als sie ohnehin schon ist. Sie denkt ja bereits, sie könne auf dem Wasser gehen!

Zum Nachdenken ...

1. Hatten Ihre Kinder irgendwelche peinlichen
Verhaltensweisen, von denen Sie dachten, dass sie
nie enden würden? Wie sind Sie damit umgegangen?
Was können Sie aus diesen Augenblicken für die nächsten
kritischen Situationen lernen?
2. Haben Freunde oder Verwandte von Ihnen
andere Erziehungsprobleme, bei denen Sie ihnen
durch Ihre eigene Erfahrung helfen können?
Wie können Sie ihnen durch diese schwierige
Phase hindurchhelfen?

Gott, danke, dass du mir Kinder geschenkt hast, die
perfekt für mich sind. Du gebrauchst sie täglich, um
mir etwas beizubringen. Hilf mir, aus jedem Fehler und
jeder Situation zu lernen, damit ich bei der nächsten
Krise besser reagieren kann. Ich werde nicht aufhören
zu kämpfen. Ich muss nur lernen, die Mittel, die mir zur
Verfügung stehen, besser einzusetzen, und manchmal
auf den Knien mit dir zusammen kämpfen. Das ist
meine beste Waffe. Amen.

Basteln, Kochen, Dekorieren

Ich danke dir, dass du mich so herrlich und aus-
gezeichnet gemacht hast! – Psalm 139,14

Es ist mir egal, ob Sie mir gleich eins über den Schädel ziehen, aber ich bin keine von den Müttern, die Biozuckerwatte-Maschinen bauen, die gleichzeitig Zettelchen mit Bibelversen produzieren. Meine Tupperware-Dosen haben nicht alle passende Deckel, und wenn ich länger als dreißig Sekunden auf Bastel-, Koch- und Dekoseiten im Internet verbringe, bekomme ich schlimme Magenschmerzen. Warum? Weil dadurch all meine Ängste an die Oberfläche kommen: Ich bin nicht nur nicht besonders begabt, was Haus- und Handarbeiten betrifft; ich musste sogar die Vorschule wiederholen, weil ich keine gerade Linie schneiden konnte. Mein Wortschatz war überragend, aber ich konnte keinen Kreis zeichnen. Wenn ich also all die hübschen Dinge sehe, die ich für meine Familie machen könnte – einschließlich Essen mit Gesichtern –, wird mir jedes Mal übel.

Ich habe solch begabte Freundinnen und ich treffe mich auch mit ihnen. Ich bewundere ihre Speisekreationen, die wie Noahs Arche aussehen, und staune gebührend über ihre neuen handbestickten Vorhänge aus selbst gesponnener Lammwolle aus Uganda. Ich höre interessiert zu, wenn sie von ihren neuesten glutenfreien Brotrezepten erzählen, die nicht nur köstlich sind, sondern gleichzeitig auch Cellulitis, Fibromyalgie und Diabetes heilen können!

Meine Nachbarin Anne steckt alle Haushaltsköniginnen der Nation in die Tasche. Als ich sie zum ersten Mal traf, machte sie gerade einen Geburtstagskuchen in Hasenform, für den sie die Vorlage im Internet gefunden hatte. Sie lud uns ein und ich brachte meine selbst gemachten Schoko-Erdnussbutter-Kugeln mit, die eher nach Häufchen als nach Kugeln aussahen. Ich platzierte meine Kreationen neben ihren perfekt geformten Hasenkuchen und sagte: »Das sind seine Hinterlassenschaften.« Sie lächelte, und wir sind seither Freundinnen. Ihre Kinder waren in Kindergärten, die nur Bioton verwenden, sich an Stundenpläne halten und so teuer sind, dass man eine Niere verkaufen muss, um seine Kinder dort unterzubringen. Meine Kinder waren in Kindergärten, wo man sie absetzen konnte, »wenn einem danach war«, und meine Kinder aßen die Knete und trugen trotzdem keine Folgeschäden davon ... denke ich.

Neulich war ich mit meiner Tochter bei einer von Annes »Lebkuchen-Back-Partys«. Leider hat Lucy mein Geschick für Handarbeiten und Basteln geerbt. Wir arbeiteten als Team zusammen, um ein Lebkuchenhaus zu bauen, und meine sämtlichen Komplexe aus Vorschulzeiten tauchten wieder auf. Ich ließ immer wieder Teile der Dekoration unter dem Tisch verschwinden und ertappte sogar Lucy einige Male dabei.

Lucy war so ärgerlich, dass ihr Lebkuchenhaus nicht aufrecht stehen wollte, dass sie sich in die Ecke stellte und schmollte. Ich konnte ihr keine Vorwürfe machen. Unser Haus sah, ehrlich gesagt, schrecklich aus. Anne hatte alle Zutaten (einschließlich des hausgemachten Zuckerklebers) perfekt vorbereitet, aber keine Anleitung dazugelegt, wie man die verflixten Dinger baut. Ich ging zu Lucy und versuchte, sie zu trösten. Sie wollte gehen. Ich wusste, dass dies ein Moment war, der ihr später wichtig sein würde. Ich wollte sie nicht aufgeben lassen, nur weil sie keinen Erfolg hatte. Sie hat nämlich auch meine perfektionistischen Tendenzen geerbt, die, je nach Tagesform, ein Segen oder ein Fluch sein können. Ich überzeugte sie, wieder an den Tisch zurückzukehren, indem ich ihr versprach, dass wir heimlich alle Dekorationen aufessen würden. Dann schnappte ich mir Annes begabten Ehemann und sagte:»Danny, könntest du uns bitte ein Lebkuchenhaus bauen, das stehen bleibt?« Er machte sich sofort an die Arbeit. Lucy und ich verzehrten fröhlich die Gummibärchen und Schokoladensplitter, während wir zusahen, wie »unser« Lebkuchenhaus Gestalt annahm. Dann dekorierten wir es fröhlich und hefteten uns sämtliche Lorbeeren dafür an. Es sah … originell aus, aber wir waren sehr stolz darauf. Ich erklärte Lucy, es sei das schickste Lebkuchenhaus der Welt, und die anderen Kinder starrten es nur an, weil sie neidisch auf unser Konzept der »modernen abstrakten Kunst« waren (das Dach hatten wir aufgegessen).

An dem Tag lernte Lucy etwas Wichtiges: Wir sind vielleicht nicht gut bei allem, was wir ausprobieren, aber aufgeben ist keine Option. Ich lernte, wie wichtig es ist, das Selbstwertgefühl meiner Tochter zu stärken, auch wenn sie etwas nicht hervorragend konnte. Das Haus sah vielleicht nicht aus wie das aller anderen, doch sie war stolz auf sich, und das war das Entscheidende.

Wir lernten außerdem, dass Gummibärchen und Zucker-streusel ein absolut annehmbares Mittagessen sind (zu besonde-ren Anlässen), solange wir sie mit glutenfreier, frisch gepresster Biolimonade aus spanischen Zitronen hinunterspülen.

Zum Nachdenken ...

1. Machen Sie in manchen Bereichen völlig Ihr »eigenes Ding«? Macht Sie das unsicher?
2. Vergleichen Sie Ihre Fähigkeiten mit denen anderer Mütter? Wenn ja, warum? Ist es gut, sich selbst und Ihre Familie mit anderen zu vergleichen? Macht Jesus das mit uns?
3. Was können Sie tun, um mehr von der Anerkennung Ihres himmlischen Vaters zu leben, der Sie und andere so erschaffen hat, wie Sie sind?

Lieber Gott, bitte zeig mir immer, wie ich aus den »Zitronensituationen« meines Lebens Limonade ma-chen kann. Danke, dass du mir einen kreativen, einzig-artigen Verstand gegeben hast. Ich weiß, dass ich wie kein anderer Mensch bin, und genau so hast du mich erschaffen. Bitte hilf mir, meine Kinder so zu erziehen, dass sie zu schätzen wissen, wie besonders und einzigartig sie sind, und sie zu ermutigen, eigenständige Persönlichkeiten zu sein. Bitte erinnere mich daran, dass du keine Fehler machst. Amen.

Kinder und Parks

Jedes Mal sagte [der Herr]: »Meine Gnade ist alles, was du brauchst. Meine Kraft zeigt sich in deiner Schwäche.« Und nun bin ich zufrieden mit meiner Schwäche, damit die Kraft von Christus durch mich wirken kann. – 2. Korinther 12,9

Ich hasse es, wenn die Kinder sich zum Spielen im Park verabreden. Vielleicht sind das Folgeschäden von meinem ersten, »bissigen« Kind, das auf jedem Spielplatz sein Gebiss in das Fleisch der anderen Kinder grub. Einmal biss es ein Mädchen, das prompt zu weinen begann – und dann hörte ich, wie Lucy doch tatsächlich zu ihrem Opfer sagte: »Psssst ... du bist hübsch!« Ja, das war mein Kind. Im Park kam ich also nie dazu, mich hinzusetzen, weil ich nie wusste, wann sie wieder zuschlagen würde.

Heute startete ich einen neuen Versuch und nahm beide Kinder mit. Ich vergaß, dass meine süße Ruby denkt, sie kann fliegen, weil ihre Schwester ihr das eingeredet hat. Mit Todesverachtung sprang sie von der Rutsche, und ich war nicht schnell genug bei ihr, um sie aufzufangen. Sie landete direkt auf dem Kopf und alle Eltern waren bei ihr, bevor ich sie erreichen konnte. Um ein Haar hätten sie einen Krankenwagen und das Jugendamt angerufen!

Ruby weinte herzzerreißend. Auf der Stelle rief ich meinen Ehemann an: »Ron, kannst du bitte sofort herkommen? Mir geht es nicht gut und es ist schrecklich hier!« Ich glaube, nächstes Mal gehe ich einfach ohne die Kinder in den Park, nur mit den Müttern. Bin ich eine schlechte Mutter? Die meisten Dinge, die andere Mütter gern tun, mag ich nicht. Ich finde Malen mit Fingerfarben in einer Mutter-Kind-Gruppe total langweilig. Außerdem sind weder meine Kinder noch ich besonders künstlerisch veranlagt, also sieht es an unserem Platz immer wie an einem Tatort aus.

Dieser ganze Kinderkram soll eigentlich Spaß machen, aber mir bereitet er Kopfschmerzen. Ich bin ständig nervös und möchte eigentlich woanders sein. Ich rede nicht oft darüber, weil ich nicht will, dass man mich verurteilt. Fühlen andere Mütter sich auch so, wenn sie rennen, an Seilen schaukeln oder in Bäumen hängen? Ich fühle mich einfach so verlogen! Irgendwie habe ich das Gefühl, immer wenn ich draußen in der Öffentlichkeit bin, macht eines meiner Kinder Schwierigkeiten. Was ist nur los bei mir?

Die letzte Kinderparty, die wir besuchten, fand am Strand statt. Es gab alle möglichen Bespaßungen und Aktivitäten im Sand, weit weg vom Wasser. Als ich mich umschaute, sah ich Lucy, die wie der Rattenfänger von Hameln mit voller Geschwindigkeit über den Strand rannte – und *alle* Kinder rannten ihr hinterher und schrien: »Fangt Lucy! Los, fangt sie!« Lucy steuerte direkt aufs Meer zu, doch die anderen Eltern, die *mein* Kind nicht kannten, waren nicht besorgt. Ganz sicher dachten sie, dass Lucy *unmöglich* ins Wasser gehen würde. Ich rannte los wie in einem schlechten Film und schrie: »Luuuuucy! Haaaaalt!« Sie war zu weit weg. Die anderen Eltern bemerkten schnell, dass Lucy nicht stehen blieb, ebenso wenig wie die Kinder – *ihre* Kinder –, die ihr folgten. Sie rannte ins Meer wie *Arielle, die kleine Meerjungfrau*, und ich hinterher. Jetzt waren wir beide klatschnass. Kinder und Eltern waren am ganzen Strand verteilt, wie in einer Szene aus *Lost*. Es war das reinste Chaos. Ich zerrte meine pitschnasse Tochter aus dem Wasser und alle lachten.

Vielleicht wissen Sie, was ich meine, weil Sie auch »dieses Kind« haben! Was sollen wir machen? Soll ich Gott bitten, mich oder meine Kinder zu verändern? Vielleicht werden sie sich ja dann mehr für Kochen und Backen interessieren? Oder ist es möglich, dass ich einfach meine Zeit und mein Vergnügen opfern muss, weil das zur Aufgabe des Mutterseins gehört? Ich liebe meine Kinder mehr, als ich menschlich für möglich gehalten hätte, und darum verbringe ich meine Samstage auf dem Sportplatz, sitze auf der Zuschauertribüne und schaue zu, wie Lucy im Außenfeld des Spielfeldes im Gras liegt. Oder ich verbringe endlose Stunden in Parks und auf Spielplätzen und tue so, als wäre das meine Lieblingsbeschäftigung. Wow, hat das meine Mutter nicht auch gemacht? Hat sie auch so getan, als ob? Ich muss sie mal anrufen. Eines Tages werden meine Kinder begreifen, was ich alles für sie getan habe. Vielleicht erst, wenn sie vierzig sind, aber der Tag wird kommen. Oder?

Zum Nachdenken …

1. Gibt es Dinge, die Sie nicht leiden können,
die Sie aber für Ihre Kinder tun? Woher bekommen
Sie die richtige Einstellung dazu?
2. Wenn Sie sich etwas von Gott wünschen könnten,
das er an Ihnen als Mutter ändern soll, was wäre es?

Lieber Gott, ich bin immer müde. Ich will nichts weiter,
als ins heiße, schaumige Badewasser steigen. Kannst
du mir bitte eine kleine Extraportion Gnade schenken,
damit ich morgen aufstehen und das alles wieder von
vorn durchstehen kann? Und kannst du mir bitte auch
ein Herz schenken, das Jesus ähnlicher ist, damit ich
meine Kinder lieben und ihnen schnell vergeben kann,
wenn es nötig ist? Amen.

EIN INTERVIEW MIT EINER SECHSJÄHRIGEN: WIE MAN EINE SUPERMAMA WIRD

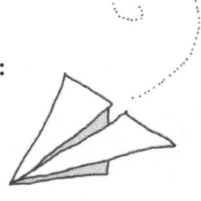

Kerri: Wie mache ich mich denn so als deine Mama?

Lucy: Besser als gut ... du bist die Beste! Aber manchmal behandelst du uns wie Diener.

Kerri: Was denkst du, was macht eine gute Mutter aus?

Lucy: Das ist schwer, weil ich weiß, dass ich dich lieb habe, und du kannst alles! Das größte Geschenk ist, dass du meine Mama bist. Dass du Zeit mit mir verbringst und Spaß mit mir hast. Gott hat dich super gemacht, so wie du bist.

Kerri: Versuchst du gerade, mir noch mehr Süßigkeiten abzuluchsen?

Lucy: Nein, das meine ich ernst. Das denke ich wirklich.

Kerri: Lucy, willst du eines Tages Kinder haben?

Lucy: Ich will Single bleiben, weil ich nicht heiraten will, weil ich nicht küssen will.

Kerri: Super Antwort! Wie alt musst du sein, um einen Freund haben zu können?

Lucy: Dreißig, aber eigentlich weiß ich es nicht, weil ich Single bleiben will.

Kerri: Wenn ein Mädchen Mama werden will, welchen Rat würdest du ihr geben?

Lucy: Wenn du groß bist, kannst du alles werden, was du willst.

Kerri: Wie alt muss man sein, um Mama zu werden?

Lucy: Ähm ... man kann dreißig sein ...
oder vierzig ... je nachdem.

Kerri: Was ist das Beste daran, sechs Jahre alt zu sein?

Lucy: Man hat ein echt glückliches Leben.

Kerri: Was denkst du, Lucy, wärst du eine gute Mama?

Lucy: Ich will nicht, schon vergessen? Ich will niemanden küssen.

Ist das ein Trick? Schreibst du das in dein Buch, Mama?

Wenn ja, ist das okay.

Kerri: Lucy, möchtest du meinen Lesern irgendwas über mich sagen?

EIN LEISES SUMMEN ...

Lucy spielt in ihrem neuen Barbie-Puppenhaus »Single sein«,
was gut ist, denn es gibt ein paar Geheimnisse über mich,
die sie lieber nicht verraten soll ...

Mamas freies Kapitel

Wer auf mich hört und danach handelt, ist klug und
handelt wie ein Mann, der ein Haus auf massiven Fels
baut. Auch wenn der Regen in Sturzbächen vom Himmel
rauscht, das Wasser über die Ufer tritt und die Stürme
an diesem Haus rütteln, wird es nicht einstürzen, weil
es auf Fels gebaut ist. Doch wer auf mich hört und
nicht danach handelt, ist ein Dummkopf; er ist wie ein
Mann, der ein Haus auf Sand baut. Wenn der Regen und
das Hochwasser kommen und die Stürme an diesem
Haus rütteln, wird es mit Getöse einstürzen.
— Matthäus 7,24-27

Guten Abend, meine Damen (und ein paar Herren, die das
Recht erwirkt haben, sonntags Fußball zu schauen). Mein Name
ist Ron und ich bin für diese Andacht Ihr Ersatzautor. Kerri hat
mir das in letzter Minute aufs Auge gedrückt und ist mit ihren
Freundinnen ausgegangen.

Nun muss ich mich um die Kinder und den Haushalt kümmern. Kerri meint, sie hätte es in den Familienkalender einge-
tragen ... wo auch immer der ist.

Kerri: Ron, die Mädchen müssen beide baden. Sie müssen
um halb acht im Bett liegen, und davor bekommen sie noch

eine Gute-Nacht-Geschichte. Das Essen muss warm gemacht werden –

Ich: Schon verstanden, schon verstanden. Ich kann mich um die Mädchen kümmern. Keine Sorge, viel Spaß bei deinem –

Die Tür schlägt zu, ein Auto verlässt mit quietschenden Reifen die Einfahrt, und ich schwöre, ich habe ein gespenstisches Lachen gehört.

Also, los geht's!

Baden: Wenn man dies nur aus der Werbung für Kindershampoo kennt, lässt man sich leicht in die Irre führen. Die Kinder dort sind immer brav und haben ihr süßestes Gesicht aufgesetzt, während das Shampoo, das ihnen in die Augen läuft, keine Tränen macht. Wenn man die Kamera auf die Eltern richten würde, würde man von Badewasser durchnässte Kleidung und jede Menge frustrierte Tränen sehen. Unser Problem heute Abend ist nicht, dass ich Lucy erlaube, Schaumbad zu nehmen, sondern dass ich ihr die Dosierung überlasse. Erst als ich Ruby, meine Dreijährige, kichern höre, erinnere ich mich daran, dass sie überhaupt in der Wanne sitzt. Ich bade also nicht nur die Mädchen, sondern putze *gleichzeitig* noch den Boden, die Toilette, das Waschbecken, die Wände und die Decke.

Abendessen: Als die Mädchen blitzsauber sind und in ihren Schlafanzügen stecken, ist es Zeit fürs Essen. Ich öffne den Kühlschrank, nehme die Pfanne heraus, und nachdem ich mich fünfzehn Minuten lang mit der Uhr und dem Kurzzeitwecker abgemüht und überlegt habe, ob ich nun backe oder brate, schaffe ich es endlich, den Ofen in Gang zu setzen. Dann werde ich von einer *SpongeBob*-Geschichte im Fernsehen fasziniert und abgelenkt. Ich weiß, dass ich den Kindern etwas Nahrhaftes zu essen geben und sie schleunigst ins Bett bringen muss. Ja, Pizza, Gottes Verabreichungsform für leckeres Gemüse. Pizzateig (Mehl), Soße (Tomaten), Käse (Milch) und darauf nahrhaftes Gemüse. Ach, und ich stelle auch fest, dass unser Rauchmelder funktioniert. Erinnern Sie sich noch an die blitzsauberen Kinder von eben? Die sind verschwunden und wurden ersetzt durch Mozzarellamünder und Soßenhaare. Nach eineinhalb Packungen Feuchttüchern sehen die Mädchen wieder annähernd sauber aus.

Gute-Nacht-Geschichte: Das ist so schön! Sie kuscheln und kichern, mit mir und miteinander. Aber man sollte nie vergessen, dass selbst die allerschönsten Pflanzen, Blumen, Fische, Käfer usw. auch die tödlichsten Kreaturen der Erde sein können. Ich hole nur eben ein Buch, und plötzlich liegen die Schlafanzüge herum und Ruby hat sich Bauch und Beine mit einem Filzstift verziert. Jetzt verstehe ich, warum große Firmen ihre dreijährigen Angestellten nicht unter der Aufsicht von sechsjährigen Vorgesetzten lassen. Ich beauftrage Lucy mit dem Aufräumen, während ich Ruby im Prinzip zum dritten Mal heute Abend bade. Dann sage ich den Mädchen, dass es heute keine Gute-Nacht-Geschichte gibt. Lucy sagt: »Aber wir müssen noch unsere Andacht haben.« Sie hält mir ein Kinderandachtsbuch hin und ich schlage es dort auf, wo das Lesezeichen steckt: »Der kluge und der dumme Hausbauer.« Als ich die Andacht vorlese, merke ich, dass sie mir mehr zu sagen hat als den Kindern.

Als die Kinder eingeschlafen sind, räume ich die Küche auf und sehe den berüchtigten Familienkalender, der genialerweise an der Kühlschranktür versteckt ist. Und tatsächlich steht für heute dort unübersehbar: »Mamas freier Abend.« Der Abend ist nicht so gelaufen wie geplant. Ich fühle mich wie der dumme Mann aus der Kinderandacht. Mein Haus ist eingestürzt! Der einzige Unterschied zwischen dem klugen und dummen Mann ist, dass der eine es in die Tat umsetzt, was er gehört hat, und der andere nicht. Ich weiß, wie ich mein Haus in Ordnung halten muss. Ich weiß, wie ich für meine Töchter sorgen muss, aber ich brauche einfach mehr Übung. Ich trage an mehreren Tagen »Papas Abend daheim« in den Kalender ein. Es ist an der Zeit, dass ich in die Tat umsetze, was ich weiß.

Zum Nachdenken ...

1. Gibt es etwas, das Sie davon abhält oder daran hindert,
auf Gottes Stimme zu hören?
2. Was »wissen« Sie, haben es aber noch nicht
in die Tat umgesetzt?

Lieber Herr, bitte hilf mir, deine Worte zu hören. Hilf mir, sie in mein Herz zu nehmen. Und vor allem hilf mir bitte, sie in die Tat umzusetzen. Ich möchte ein festes Fundament für mich und meine Familie legen. Lass mich klug sein. Amen.

Loslassen

Kommt alle her zu mir, die ihr müde seid und
schwere Lasten tragt, ich will euch Ruhe schenken.
– Matthäus 11,28

Aus irgendeinem Grund macht mich der Neujahrstag immer
ganz beschwingt. Gestern war der 1. Januar, und als ich in eine
Buchhandlung tänzelte, sah ich die vielen Hochglanz-Kochbü-
cher und bekam einen Adrenalinstoß. Ich wollte kochen und lernen, vegane Biohausmannskost für meine Familie zuzubereiten.
Außerdem wollte ich diese süßen neuen Schürzen anprobieren.
Ich schwor mir, wie eine der Hauptfiguren aus *Julie & Julia* zu
werden und für den Rest meines Lebens jeden Tag zu kochen.
Als ich am Regal für Handarbeits- und Bastelbücher vorbeikam,
beschloss ich außerdem, Stricken und Origami zu lernen, während ich vegane Biohausmannskost kochte. Ich fühlte mich frei.
An Neujahr ist mir immer nach Kochen, Handarbeiten und Fliegen zumute. Ich war Peter Pan! Ich beschloss, dass es an der Zeit
war, Veränderungen vorzunehmen – und dazu war großer Einsatz nötig.

Heute Morgen wachte ich um sechs Uhr auf und wurde von
Kindergeschrei begrüßt, und rasch waren alle Veränderungen
vergessen. Ich servierte süße Teigtaschen aus dem Toaster zum

Frühstück und mittags aßen meine Kinder Tacos und Algen-snacks (Ron ist Koreaner). Heute Abend gibt es, glaube ich, Pu-tenschinken und Gemüse aus der Dose. Und was meine eigene gesunde Ernährung betrifft: Ich habe vier Erdnussbutterkugeln und zwei Schokopralinen, Cashewkerne und zuckerfreie Limo verdrückt. Läuft doch wie geschmiert!

Den restlichen Tag verbrachte ich damit, mich an Gebets-Tele-fonkonferenzen zu beteiligen, meinen kranken Mann zu pflegen, für meine Rückenschmerzen zu beten, dieses Buch zu schreiben, die Verabredungen meiner Kinder mit ihren Spielkameraden zu beaufsichtigen und E-Mails zu beantworten. Ich ging durch mein Haus, betete für es und meinen kranken Ehemann. Dann fing ich an, noch mehr Listen mit Dingen zu schreiben, die erledigt werden müssen. Ich hörte meinen Töchtern zu, wie sie uns drei-zehnmal den Titelsong aus dem Disney-Film *Die Eiskönigin – Völlig unverfroren* vorsangen. Und jetzt geht mir immer wieder die Liedzeile »Ich lass los, lass jetzt los!« durch den Kopf.

So viel zum Thema »Einsatz«. Ich weiß, in der Bibel steht: »Ich weiß genau, welche Pläne ich für euch gefasst habe«, doch ich bezweifle, dass Gott an irgendeinem Teil dieses ganzen Unsinns beteiligt war. Ich habe das alles allein gemacht, und ich fühle mich bereits wie eine Versagerin. Immer wieder denke ich an die Zeile aus dem Disney-Song: »Ich lass los, lass jetzt los!« Die Wahrheit ist: Ich kann nicht kochen. Wenn ich Kochbücher lese, bekomme ich Magenschmerzen. Warum tue ich mir das also an? Ich hasse Handarbeiten, Basteln und alles, was damit verbunden ist. Hatte in der Buchhandlung irgendjemand Drogen in die Luft gepumpt? Ich muss mich wieder in den Griff bekommen. Ich muss erkennen, dass es Dinge gibt, die ich sagenhaft gut kann, und Dinge, die ich eben nicht kann. Ich kann in dreißig Tagen ein Manuskript schreiben. Ich kann vor Tausenden Menschen sprechen. Ich kann stundenlang mit Freunden beten, die in Not sind, und ich kann kämpfen, und ich kann 120 294 029 E-Mails gleichzeitig beantworten.

Dann kann ich eben nicht kochen. Meine Kinder verhungern nicht, und wenn ich es wirklich lernen will, kann ich einen Kochkurs machen.

Ich darf mich nicht so sehr von meinen eigenen Zielen beanspruchen lassen, dass ich umfalle und gar nichts davon umsetze. Ich muss sie so angehen, wie es sich ergibt, und darf nicht vergessen, dass »bei Gott alles möglich« ist. Meine Versagensängste sind nicht gesund. Es ist an der Zeit, diese »alles oder nichts«-Einstellung abzulegen. Es ist gefährlich zu versuchen, sofort perfekt zu werden, und sich dann unterlegen zu fühlen. Es ist nicht zu spät für mich, leckere Mahlzeiten für meine Familie zu kochen.

Vielleicht brauche ich nur ab und zu etwas Hilfe aus der Tiefkühltruhe, und das muss ich *akzeptieren*.

Ich glaube, Gott hat mir heute durch meine sechsjährige Tochter etwas Wichtiges beigebracht. Ich habe sie gefragt: »Lucy, findest du, dass ich eine gute Mama bin?«

Sie sagte: »Du bist die beste!«

Ich fragte sie: »Warum?«

Sie antwortete: »Einfach, weil du du bist, und Gott hat dich für mich ausgesucht. Willst du ein Lied hören?« Und dann fing sie an zu singen:

Die Kraft, sie ist grenzenlos
Ich lass los, lass jetzt los
Und ich schlag die Türen zu
Es ist Zeit, nun bin ich bereit
Und ein Sturm zieht auf ...

Es ist schon eigenartig, wie klein jetzt alles scheint
Und die Ängste, die in mir war'n
Kommen nicht mehr an mich ran
Was ich wohl alles machen kann?
Die Kraft in mir treibt mich voran
Was hinter mir liegt, ist vorbei
Endlich frei!

Während Lucy sang, passierte etwas Erstaunliches. Meine Dreijährige fing an, mit ihrer Schwester mitzusingen. Ich hatte bisher noch nie gehört, dass Ruby richtige Liedtexte mitsang, doch heute war der Tag, an dem sie damit begann. Sie hatte nur langsam sprechen gelernt, und ich hatte um diesen Meilenstein gebetet – und er kam tatsächlich! Sie war so frei! Sie sang: »Ich lass los, lass jetzt los!« Eine Gebetserhörung mitten in meiner Küche. Wer hätte es gedacht, dass Gott auch durch Disney-Prinzessinnen spricht?

Zum Nachdenken …

1. Wie viele Vorsätze fassen Sie jedes Jahr?
Halten Sie sie ein? Sind sie für Sie gut oder schlecht?
2. Gibt es einen Bereich in Ihrem Leben, in dem Sie etwas
barmherziger mit sich selbst werden müssen?

Herr, hilf mir, wie meine Kinder zu sein. Sie haben keine
Grenzen und sind nicht von Zeitplänen und Gedanken
an Niederlagen gebunden. Ich sehe, wie ihre Seelen sich
unbeschwert emporschwingen. Bitte gib mir die gleiche
Freiheit, die sie haben, Gott. Hilf mir, heute mit meinen
Kindern zu singen und einfach loszulassen, damit ich
dir näher sein kann. Amen.

Geben Sie nie Ihre Träume auf

Dort fanden sie üppiges Weideland. Und das Land bot
viel Raum, war ruhig und sicher. – 1. Chronik 4,40

Diese Andacht ist nicht nur eine Lektion im Delegieren, was mir
ermöglicht, zu meiner lange überfälligen Pediküre zu gehen,
sondern gibt auch meiner Freundin Wendy Gelegenheit, Ihnen
von ihren Träumen zu erzählen. *Was für Träume*, fragen Sie vielleicht? Einfach einmal auszuschlafen … Also, ich gehe jetzt und
lasse mich hübsch machen. Viel Spaß! – Kerri

Wendy:
Meine Kinder sind inzwischen älter, sie ziehen fast schon
aus. Sie sollten wenigstens in der Lage sein, morgens *ruhig* auf-
zustehen und sich etwas zu essen zu nehmen, oder? Immerhin
ist Jordis fünf, Lydia sieben und Elijah neun. Also hängte ich
auf den Vorschlag meines Ehemannes hin die folgende Notiz an
mehreren auffälligen Stellen auf, sodass unsere Kinder sie gleich
beim Aufwachen sehen konnten:

Liebe Kinder,

guten Morgen. Bitte lasst Papa und mich ausschlafen.
Ihr dürft bis 8.45 Uhr leise spielen (kein Fernsehen!). Bitte ohne Farbe, Glitter oder Leim. Mit anderen Worten,
macht keine Sauerei. Ihr dürft frühstücken. Schalen und
Frühstücksflocken stehen auf dem Tisch. Elijah kann euch
mit der Milch helfen. »Kommt nicht zu uns« und fragt
nach einem anderen Frühstück oder anderen Cornflakes.
Um 8.45 Uhr dürft ihr den Fernseher anschalten. Wenn ihr
schreit oder euch streitet, bekommt ihr alle drei Tage
Fernsehverbot. Wenn ihr kommt und uns weckt, obwohl
es KEIN Notfall ist, wird das Folgen haben!
Wenn Shiner bellt, lasst sie bitte rein oder raus.
Wir lieben euch und wir lieben unseren Schlaf.

In Liebe,
die beste Mutter und der beste Vater aller Zeiten

Wahrscheinlich denken Sie jetzt, dass mein Mann und ich un-
gestört bis zehn Uhr schlafen durften, weil Träume tatsächlich
wahr werden. Nun, wir wurden 7.15 Uhr aus unseren Träumen
geweckt. (Ich weiß, einige von Ihnen hassen mich bereits, weil
Ihre Kinder nie länger als bis 5.30 Uhr schlafen, und das tut mir
leid, und Gott segne Sie!) Die Katze war die Erste, die uns weck-
te: Sie jaulte und miaute an unserer Tür, die auf seltsame Weise
geschlossen worden war. Dann kam der Hund dazu und fing an
zu bellen.

Irgendwann nach sieben Uhr wachten die Mädchen auf und Jordis kam mit ihrem ersten Notfall zu uns. Sie war ganz aufgelöst:»Mein Fußball ist weg. Ich finde ihn nicht mehr. Er ist nicht da. Wo ist er hin? (Schluchz, schluchz.) Ich finde ihn nicht. (Schluchz, schluchz.)« Ich sagte ihr, wo sie ihren Ball finden konnte, und sie ging. Für ein paar Minuten. Dann kam sie wieder ganz aufgelöst herein, weil sie Milch zu ihren Frühstücksflocken wollte und Lydia sie ihr nicht holen konnte und Elijah noch schlief. Und sie bekommt nie, nie, nie Cornflakes. Und sie kann sie nicht ohne Milch essen (Weinen, Husten, Kreischen, schleimiges Husten, Schluchzen, Jammern, noch mehr schleimiges Husten). Inzwischen ist es 8.15 Uhr, denke ich. Ich bringe sie ins Bad und lasse die Dusche so heiß laufen, dass es dampft, und setze sie auf den Fußboden, damit sich ihr Husten/Schnupfen löst. (Sie hatte einige Tage lang Fieber und Husten. Und jetzt ist noch etwas Husten übrig, der durch den Notfall und das ganze Weinen schlimmer geworden ist.) Ich sagte zu Jordis, dass sie außer ihren Cornflakes noch etwas anderes zum Frühstück essen sollte, denn sie würde von der Milch nur wieder mehr Husten und Schnupfen bekommen. (Jammern, Heulen, Beschweren, Husten.) Nach dem Dampfbad sagte ich zu meinem Mann, dass er jetzt dran war, und kroch zurück ins Bett. Aber keine Angst, liebe Freunde, wir werden das bald wieder probieren. Völlig verzweifelte Mütter geben nie die Hoffnung auf. Wir schrauben lediglich unsere Erwartungen nicht allzu hoch.

Zum Nachdenken ...

1. Was können Sie diese Woche tun, um mehr Schlaf zu bekommen? Ganz im Ernst: Schlaf ist wichtig. Es ist sehr schwer, sich auf Gott zu konzentrieren, geschweige denn, eine anständige Mutter zu sein, wenn man müde ist.

2. Gibt es in Ihrem Leben »Schleim«, der gelöst werden muss? Verbitterung, Eifersucht, Unversöhnlichkeit, Groll, Zorn, verletzte Gefühle? Es mag seltsam klingen, doch manchmal ist die Zeit unter der Dusche meine beste Gebetszeit, also probieren Sie es aus: Gönnen Sie sich diese Woche wenigstens einmal eine lange, heiße Dusche und bitten Sie Gott, den »Schleim« in Ihrem Leben zu lösen.

Gott, danke, dass es warme Betten gibt, auch wenn die meisten von uns Müttern längst nicht genügend Zeit darin verbringen. Danke für den Segen, Mutter sein zu dürfen, auch wenn es unseren Schlafrhythmus stört. Danke für das Vorrecht, unsere Kinder neben die dampfende Dusche setzen zu können, um den Schleim in ihrem Leben zu lösen. Danke, dass du uns erlaubst, immerzu mit unseren »Notfällen« zu dir zu kommen, während du uns geduldig im Arm hältst und uns hilfst, den »Schleim« in unserem Leben zu lösen. Amen.

Singlefrauen und Mütter

Diese älteren Frauen sollen die jüngeren Frauen anleiten,
ihre Ehemänner und auch ihre Kinder zu lieben,
besonnen und anständig zu leben, ihren Haushalt gut
zu versorgen, freundlich zu sein und sich ihren Ehemännern
unterzuordnen. Damit werden sie dem Wort Gottes
keine Schande machen! – Titus 2,4-5

Hier sind einige Gedanken von Kristin Weber: Sie ist meine Freundin, meine Comedy-Kollegin und mein Schützling. Ich habe den Text gerade gelesen und war entsetzt über ihr Verhalten. Doch andererseits hat sie kostenlos auf unsere Kinder aufgepasst. Ich muss gestehen, dass sie einige gute Argumente bringt.

Kristin:

Als Kerris Tochter Ruby ungefähr neun Monate alt war, kippte mir aus Versehen der Sportwagen um, in dem sie saß, als ich mit ihr spazieren ging. Heute kann ich das erzählen, weil Ruby eine glückliche, gesunde Dreijährige ist, die keine sichtbaren Folgeschäden von dem Vorfall zurückbehalten hat.

Ruby war sicher in ihrem Buggy angeschnallt, als wir uns auf den Weg zu einem nahe gelegenen Café machten. Wir wollten

Kerri etwas Zeit für sich selbst verschaffen, damit sie das bisschen Verstand, das sie nach Ehemann, zwei Kindern und einer Karriere als Comedian noch übrig hatte, zusammennehmen konnte. (Glauben Sie mir, viel ist es nicht mehr. Das sage ich in christlicher Liebe und weil sie es wahrscheinlich sowieso aus dem Manuskript streichen wird.)

Als wir die Straße überquerten, übersah ich einen Riss im Beton am Bordstein; der Sportwagen blieb hängen und kippte hintenüber. Ruby blieb sicher festgeschnallt, dank meiner fantastischen Anschnall-Fähigkeiten, doch als ich den Buggy wieder aufhob, schauten Ruby und ich uns in die Augen und dachten dasselbe: *Echt? Kerri hat mich dir anvertraut? Wirklich?*

Das bringt uns zu einem etwas heiklen Thema, das im Gemeindebereich oft übersehen wird: das Zusammenleben mit Menschen, die in einer anderen Lebensphase sind als man selbst. Wenn man heiratet, verändern sich die Prioritäten. Sie verändern sich noch mehr, wenn man Kinder bekommt. Man kann nicht in letzter Minute beschließen, ins Kino zu gehen, und selbst eine einfache Besorgung kann Verstärkung erfordern.

Als Single kenne ich ein solches Leben nicht aus eigener Erfahrung, aber ich verstehe es. Doch das ist kein Grund, alle Singlefreunde, die man hat, fallen zu lassen, sobald man »Ja, ich will« gesagt hat. Man braucht sie, vielleicht mehr als zuvor.

Warum? Wegen des »Titus-2-Effekts«. Wir Singlefrauen brauchen die Ehefrauen als Mentorinnen. Wir müssen das Gute und das Schlechte sehen. Also machen Sie sich einfach bewusst, dass wir füreinander da sind. Sie helfen uns zu sehen, wie schön und spannend es ist, ein liebevolles Zuhause zu haben. Und gelegentlich bekommen Sie einen kostenlosen Babysitter. Ja, es kann sein, dass wir Ihr Kind verletzen ... aber das war die freie Stunde doch am Ende wert, oder?

Zum Nachdenken ...

1. Haben Sie alleinstehende Freunde, die Sie unterstützen und ermutigen können, während sie noch Single sind?
2. Wie können Sie Hilfe von anderen bekommen, ohne ihnen zur Last zu fallen? Gibt es vielleicht einen möglichen »Tauschhandel«?

Lieber Gott, danke, dass es alle möglichen Arten von Freundschaft gibt. Danke, dass du mir immer die Unterstützung gibst, die ich brauche, durch dich selbst und durch andere Menschen. Du hast mich sehr gesegnet, und dafür bin ich dankbar. Amen.

Die beste Shabbatfeier seit Langem

Lehre dein Kind, den richtigen Weg zu wählen, und
wenn es älter ist, wird es auf diesem Weg bleiben.
— Sprüche 22,6

Ich war schon immer dafür, Kinder mit unterschiedlichen Kulturen und sogar unterschiedlichen Religionen in Berührung zu bringen. Als gutes christliches Mädchen hatte ich in meinen Teenagerjahren ein eigenes kleines »Missionswerk« für niedliche alleinstehende jüdische junge Männer. Ich nannte es »JFK« – »Juden für Kerri«. Meine Slogans waren: »Wir brauchen nur einen!«; »Probiert den Schinken – das Essen in unserem Team ist besser!«; »Probiert es mal mit meiner Bibel, aber lest nach Maleachi weiter … es wird noch besser!« Ich hatte alle möglichen Slogans. Und warum ausgerechnet jüdische Männer? (1) Sie lieben ihre Mütter. (2) Sie sind meistens sehr witzig. (3) Sie haben eine super Altersvorsorge! Also brachte ich meine Mutter um den Verstand, indem ich immer mit den »falschen« Jungs ausging, und die Mütter meiner jüdischen Freunde waren auch nicht gerade begeistert von mir. Als ich mich verlobte, wollte die Mutter einer meiner jüdischen Exfreunde mir ein Geschenk schicken!

Somit war es natürlich keine Überraschung, dass Lucy seit ihrem zweiten Lebensjahr einen jüdischen Freund hat. David und Lucy spielten miteinander, während seine Mutter und ich ihre Hochzeit planten, genau wie in *Anatevka*. Wir haben Lucy dazu erzogen, von Jesus zu erzählen, und so hörte ich oft, wie sie im Auto mit David redete: »David, hast du Jesus in deinem Herzen? Weißt du, du brauchst Jesus.« David fragte dann: »Wen?« Ich rief vom Fahrersitz aus: »Frag deine Mutter!« Yaira und ich witzeln ständig über unser interreligiöses Pärchen, und sie ist mir eine gute Freundin und Gebetsunterstützerin geworden. Ich glaube, sie betet besser als die Hälfte meiner christlichen Freunde. Es ist keine Seltenheit, dass sie sagt: »Denk dran, Kerri, der Teufel ist ein Lügner!«

Letzten Freitag waren wir zu einem traditionellen Shabbatessen bei Yaira, ihrem Mann Jeff und ihren beiden Söhnen eingeladen. Wir waren begeistert, dass wir Lucy all die Traditionen beibringen konnten. Sie war natürlich begeistert, »wie die Israeliten zu essen«, wie sie es formulierte. Außerdem trug sie zu Ehren der Königin Ester, ihrer jüdischen Lieblingsheldin, ein langes Kleid. So kamen wir ins Haus der Familie und erlebten eine besondere Zeremonie des Kerzenanzündens mit. Meine beiden Mädchen wollten eine Kippa tragen. Ich weiß nicht, ob das wirklich koscher war, aber unsere Gastgeber erlaubten es.

So saßen wir nach wunderschönen jüdischen Gebeten, Segenssprüchen und Gesängen am Tisch. Alles ging sehr ordentlich und respektvoll und sogar feierlich zu. Alles war wunderbar. Lucy sagte ganze fünf Minuten lang kein Wort. Dann klimperte sie mit ihrem Glas und sagte laut: »Ich möchte was sagen! Bitteeeee!«

Also wurden wir still, damit Miss Lucy reden konnte. Sie hob ihr Glas mit Traubensaft und sagte wortwörtlich:

»Im Neuen Testament, als Jesus kam, sagte er: ›Nehmt dieses Brot. Es ist mein Leib. Esst davon in Erinnerung an mich. Nehmt diesen Kelch; es ist mein Blut. Trinkt davon in Erinnerung an mich.‹« Lucy rezitierte die gesamte Abendmahlsliturgie, ohne zu unterbrechen. Zuerst herrschte betretenes Schweigen, dann peinlich berührte Blicke (Kerri und Ron), Erstaunen (Jeff und Yaira) und Verwirrung (ihre Söhne). Einige Male versuchten wir, sie zu unterbrechen, aber sie wollte nichts davon wissen. Ich hörte die Jungen fragen: »Dad, von wem redet sie da?« Ich schaute Jeff über die Tafel hinweg an und sagte: »Das ist doch die *beste* Shabbatfeier seit Langem, oder?« Er lachte nur und Lucy kam mit ihrer Predigt zum Ende. Sie war nur einen Schritt davon entfernt, die Anwesenden zur Bekehrung aufzurufen.

Meine kleine Evangelistin. Ich wusste nicht, was ich von ihrem Benehmen halten sollte. War sie nicht einfach der Mensch, zu dem wir sie erzogen hatten? Tat sie nicht das, was Jesus ihr aufgetragen hatte … hinzugehen und alle Menschen zu seinen Jüngern zu machen?

Ich war diejenige mit dem »Problem«; ich wollte unsere Gastgeber nicht beleidigen. Ich glaube, ich lernte, dass ich mehr wie meine Tochter sein muss. Sie ist mutig in ihrem Glauben. Sie hat keine Angst davor, was andere denken könnten, weil sie von Herzen glaubt, dass zu allem, was irgendetwas mit der Bibel zu tun hat, auch ihre Sicht von Jesus, ihrem Herrn und Retter, dazugehört. Ich muss sagen, dass ich alles in allem ziemlich stolz auf mein Kind bin. Es geht seinen eigenen Weg. Aber das haben

Jesus und seine Truppe ja auch getan. Irgendwas mache ich wohl richtig.

Zum Nachdenken ...

1. Haben Sie Ihre Kinder dazu erzogen, öffentlich von ihrem Glauben zu erzählen? Wenn ja, tun sie es? Wenn nicht, wären Sie bereit, jetzt mit ihnen darüber zu sprechen?
2. Macht es Ihnen Angst, mit Freunden unterschiedlicher Herkunft über Ihr Glaubensleben zu sprechen? Wie können Sie diese Angst überwinden?

Gott, danke für meine Kinder, die mehr davon verstehen, die Wahrheit auszusprechen, als ich es manchmal tue. Danke für das Geschenk des mutigen Glaubens, das du ihnen mitgegeben hast. Hilf mir, mehr wie sie zu sein. Gebrauche mich, um meine Kinder weiterhin dazu anzuleiten, jeden Tag ihres Lebens mit dir zu gehen. Amen.

Unordnung, Unordnung überall

Zwei haben es besser als einer allein: Zusammen erhalten sie mehr Lohn für ihre Mühe. Wenn sie hinfallen,
kann einer dem anderen aufhelfen. – Prediger 4,9-10

Meine Freundin Claire und ich sind befreundet, seit unsere Kinder ein halbes Jahr alt waren. Wir treffen uns, um die Kinder miteinander spielen zu lassen, während wir an Filmdrehbüchern arbeiten und unseren nächsten Urlaub in Europa planen, sobald wir den großen Durchbruch hätten. Wir haben sowohl unsere ersten als auch unsere zweiten Kinder gleichzeitig bekommen. Eines Tages sagte Claire, dass sie mit dem dritten Kind schwanger war. Ich lachte laut los! Okay, das war nicht der größte Beweis von Unterstützung, aber es war zu einem Zeitpunkt, an dem ich wusste, dass ich mit dem Kinderkriegen »fertig« war. Von uns beiden ist ihr Haus deutlich unordentlicher als meines. Daran ist sie selbst schuld, denn sie musste ja unbedingt ein drittes Kind bekommen! Heute teilt sie ihre Gedanken zur »Unordnung« einer Mutter mit uns:

Claire:
Mein Leben ist voller Unordnung. Wo ich auch hinschaue, sehe ich nichts anderes. Spielzeug hier, Kleider dort, Schuhe …

Moment mal, wo sind die Schuhe? Ich sehe nur einen! Alles ist überall, wo man hinschaut, aber nie dort, wo man es wirklich braucht. Mein Sohn versteckt gern Dinge – Fernbedienungen, Rechnungen, seine Schuhe. Ich räume ständig hinter allen anderen her, und sobald ich das getan habe, veranstalten sie wieder ein Chaos. *Seufz*. Ich wusste ja, dass Mutter zu sein schwer wird, aber ich hatte keine Ahnung, wie ermüdend es sein würde, zu kochen, zu putzen, eklige Exkremente zu beseitigen, Kinder zu chauffieren, einzukaufen, zu putzen, Kinder abzuholen, Kinder zu ihren außerschulischen Kursen zu bringen, zu putzen, zu kochen und dann wieder zu putzen. Manchmal vermisse ich es, eine Arbeit zu haben, zu der ich gehen und dort mit Erwachsenen reden kann. *Ohne zu putzen!*

Wenn es heißt: »Man braucht ein ganzes Dorf, um ein Kind großzuziehen«, dann ist damit wirklich ein *ganzes* Dorf gemeint. Ich habe einen Mann, Eltern und ein Arsenal von Freunden, auf deren Hilfe bei der Erziehung meiner Kinder ich angewiesen bin. Ich weiß nicht, wie alleinerziehende Mütter das schaffen. Sie sind unglaublich! Mein Sohn läuft oft los und umarmt meine Freunde, bevor er mich umarmt … das ist nicht cool, Kumpel! Aber so weiß ich, wie sehr meine Kinder die Menschen in ihrem Leben lieben.

Übrigens war das nicht immer so. Anfangs dachte ich, ich könnte es ganz allein schaffen, denn wie kann es sein, dass ich Hausfrau und Mutter bin und trotzdem Leute brauche, die mir helfen? Wenn ich Hausfrau und Mutter sein will, sollte ich dann nicht in der Lage sein, es zu schaffen, ohne jemand anderen damit zu belasten? Doch Gott sagt uns in Prediger 4,9-10: » Zwei haben es besser als einer allein: Zusammen erhalten sie mehr Lohn für ihre Mühe. Wenn sie hinfallen, kann einer dem anderen aufhelfen.« Und glauben Sie mir: Ich bin schon oft platt auf die Nase gefallen und hatte zum Glück Menschen, die mir wieder aufgeholfen haben.

Es hat eine Weile gedauert, bis ich gelernt habe, um Hilfe zu bitten und sie auch anzunehmen. Wenn jemand mir also anbietet, auf meine Kinder aufzupassen, mir ein Essen vorbeizubringen oder meine Kinder nach Hause zu fahren, habe ich gelernt, dass ein einfaches »Danke« völlig ausreicht. Denn Gott weiß, dass ich eine Maniküre, ein Nickerchen oder einfach etwas Raum zum Atmen brauche, damit ich nicht durchdrehe, mich in der Speisekammer einschließe und Schokolade esse. (Ja, das habe ich auch schon getan – bitte verurteilen Sie mich nicht.)

Man braucht Kraft, um sich verletzlich zu zeigen und um Hilfe zu bitten. Doch wenn man Hilfe annimmt, wird die Last leichter und Freundschaften werden tiefer, denn andere erhalten die Gelegenheit, Gottes Segen auszugießen. Eine kleine Sache kann schon eine große Wirkung in meinem Tag haben und mir helfen, die Unordnung etwas zu lichten.

Zum Nachdenken ...

1. Können Sie gut um Hilfe bitten, oder versuchen Sie,
alles selbst zu machen?
2. Gibt es einen Bereich in Ihrem Leben, in dem Sie eine
helfende Hand gebrauchen könnten? Bitten Sie Gott,
Ihnen Hilfe zu schicken.

Lieber Gott, danke, dass du Freunde in unser Leben
stellst, die uns auf unserem Weg helfen. Bitte schick mir
die Menschen, die du in meinem »Unterstützerteam«
haben willst, während ich versuche, die nächsten »Erzie-
hungsjahre« meines Lebens zu überleben. Hilf mir, um
Hilfe zu bitten, wenn ich sie brauche, und dankbar zu
sein, wenn sie mir angeboten wird. Amen.

Das ist das Ende
(bis zu meinem nächsten Buch)

Ja, meine Freunde, wir sind am Ende unserer Reise angelangt. Manche von Ihnen haben Monate gebraucht, um dieses Buch durchzulesen, eine »Sitzung auf dem stillen Örtchen« nach der anderen. Andere von Ihnen haben das ganze Buch in der Warteschlange in der Bank gelesen. Ich weiß, was Sie jetzt denken: »Was? Das ist das Ende? Aber was wird jetzt aus dieser verrückten Frau? Haben ihre Kinder den Kindergarten überlebt oder hat das Jugendamt ihr endlich das Handwerk gelegt? Hat sie noch Kochen gelernt? Hat sie inneren Frieden gefunden?«

Und ich stelle mir die Frage: »Was haben meine Leser von mir gelernt, nachdem ich ihnen in diesem Buch meine Seele und andere Körperteile freigelegt habe? Was war der Sinn dieses Buches – und was war der Sinn daran, dieses Buch zu schreiben?« Kurz gesagt, ich hoffe, Sie haben einige Dinge verloren und andere gewonnen. Zum Beispiel:

1. Sie haben einige Kilo Gewicht verloren, weil Sie so viel über meine »Funktionsstörungen« gelacht haben.
2. Sie haben einige harte Urteile über sich selbst als Mutter verloren und gesehen, dass Sie nicht die Einzige sind, bei der Cornflakes eine Vorspeise zum Abendessen sind und die zu viel Reality-Fernsehen schaut.

3. Sie vergleichen sich nicht mehr mit anderen Müttern und wo Sie auf einer Skala von eins bis Mary Poppins stehen.

4. Sie haben auf unserer gemeinsamen Reise durch den Dschungel des Mutterseins das Gefühl verloren, dass Sie mit all Ihren Problemen und Fragen allein dastehen. Sie sind *nie* allein! Gott steht immer hinter Ihnen – und ich auch, das wissen Sie jetzt. Ich werde immer durchgeknallter sein als Sie; verlassen Sie sich drauf!

5. Sie haben erkannt, dass Sie eine zweite, dritte und sogar eine sechsundvierzigste Chance haben, wenn es darum geht, mit Ihren Kindern ganz neu anzufangen. Sie wissen jetzt, dass es nie zu spät ist zu versuchen, sie so zu lieben, wie Jesus sie liebt.

Ich hoffe, dass Sie auch einige Dinge gewonnen haben:

1. Sie haben das Wissen gewonnen, dass Sie ein *Star* sind. Sie sind Gott und dieser Welt wichtig, ganz unabhängig von Ihren Fähigkeiten als Mutter. Sie sind eine Tochter des Königs des Universums. Holen Sie Ihr Krönchen raus und tanzen Sie! (Vorzugsweise zu Lobpreismusik oder zu einem Song aus den 1980er-Jahren … wer weiß, vielleicht ist das sogar das Gleiche!)

2. Sie haben eine neue Perspektive auf die ekligen, chaotischen und sogar schmerzlichen Situationen gewonnen und wissen jetzt, dass diese nicht von Dauer sind und dass Gutes kommen wird. Sie haben Gottes Perspektive gewonnen, dass er nicht über verschüttete Milchshakes weint, und Sie sollten das auch nicht.

3. Sie haben das Wissen gewonnen, dass Gott auch Vater ist und dass er sein einziges Kind gegeben hat, damit es am Kreuz stirbt, sodass Sie Ihre Sünden nicht tragen müssen. Er ist der beste Vater der Welt und will Ihnen die Sünden abnehmen ... Sie müssen ihn nur lassen.

4. Sie haben das Wissen gewonnen, dass wir nie alles wissen, haben oder kontrollieren können. Also können wir auch aufhören, es zu versuchen, und uns klarmachen, dass wir jeden Tag die Hände vom Lenkrad nehmen und es demjenigen überlassen müssen, der tatsächlich unseren Lebenswagen fährt ... unser Gott.

5. Sie haben eine Möglichkeit gefunden, über sich selbst und die verrückte, schreiend komische Schnellstraße namens Muttersein zu lachen – in dem vollen Bewusstsein, dass es keine Abfahrten gibt. Sie sollten wissen, dass Muttersein, Elternsein niemals endet, also können wir uns genauso gut kaputtlachen, uns Popcorn machen (oder was auch immer Sie gern mögen) und die Fahrt genießen. Gott hat Humor. Er hat *Ihre Kinder* erschaffen!

Ich hoffe, Sie hatten auf dem Weg durch diese Abenteuer so viel Spaß wie ich. Es ist beängstigend und aufregend, in dem Wissen, dass so viele von Ihnen soooo viel über mich und meine Kämpfe und Probleme (Gebetsanliegen) wissen, hier zu sitzen und mich fürs Erste zu verabschieden. Ich habe das Gefühl, wir sind Freunde geworden. Sie wissen, dass Sie mich auf Facebook finden können (Kerri Pomarolli) oder auf meiner Website www.kerripom.com. Ich würde gern von Ihnen hören. Ich hoffe, wir können hiermit beginnen, echt »echter« zu werden. Wir können sowieso nicht so vielen Menschen etwas vormachen, wie wir meinen. Denken Sie daran: Wir haben die wichtigste Aufgabe auf dieser Erde: Wir sind Mütter. Um es mit meinem Freund Willy Wonka aus *Charlie und die Schokoladenfabrik* zu sagen: »Wir sind die Musikmacher. Wir sind die Träumer der Träume.« Hören Sie nie auf zu träumen. Hören Sie nie auf, an Ihre Träume zu glauben, denn diese Träume werden durch das, was Sie Ihren Kindern beibringen, Wirklichkeit. Mit Gott und einer Mutter, die ihre Kinder liebt, ist nichts unmöglich.

Deswegen verabschiede ich mich von Ihnen mit einem Zitat von Pablo Picasso: »Als ich ein Kind war, sagte meine Mutter zu mir: ›Wirst du Soldat, so wirst du General werden. Wirst du ein Mönch, so wirst du Papst werden.‹ Ich wollte Maler werden, und ich bin Picasso geworden.«

Dank

Ein herzlicher Dank geht an Dawn Woods, meine wunderbare Lektorin; Bill und Barry, meine Superagenten; Amelia, meine linke Hirnhälfte; die starken Frauen aus meiner Gebetsgruppe; die Frauen aus meiner *Mommy-Mafia*-Gruppe; die Hersteller von Nutella; *The Woman* und meine Mittwochabend-Rowdy-Gruppe; meine Freitagabend-Willie-Wonka-Mannschaft; meine Facebook-Gruppe; LaTanya, Tina, Debbie, Kim H., Shari, Onkle Scott, Julie T., Gia, Tante Nee Nee und Gayle (in Dallas) – meine besten Cheerleader.

Wendy Hagen, Kristin Weber und Claire Lee danke ich für ihre witzigen Beiträge.

Ein besonderer Dank gilt meiner *Well Family* und meinem SOS-Team, meiner *Cho-und-Chung*-Familie, die immer für einen Lacher gut ist, wie auch meiner Partnerin bei *Momland*, Angela Hoover.

Danke allen, die die Ereignisse dieses Buches inspiriert haben – Exfreunde, *Pinterest* und Promi-Mütter, auf die ich eifersüchtig bin, nicht ausgeschlossen.

Ein herzliches Dankeschön geht auch an meinen Bruder Mark, den besten Onkel der Welt. Danke, Barb, dass du die Art Mutter bist, über die man die positivsten Bücher schreiben kann. Danke, Papa, dass du mein bester PR-Mann überhaupt bist. Ich hab dich lieb.

An meine Tochter Lucy: Du hast oft dafür gesorgt, dass angespannte Situationen durch Komik entschärft wurden – in diesem Buch und an jedem Tag, den ich bisher mit dir hatte. Mit deinem Witz bringst du mich zum Lachen und erstaunst mich mit deinem Glauben. Ruby: Du bringst Freude in meine Welt und sorgst in deiner Umgebung immer wieder für Wunder. Ron: Früher hast du mir immer Tee gemacht, aber heute badest du immer unsere Kinder, weil du weißt, wie ungern ich das mache. Das ist Liebe! Danke, dass du all die Dinge tust, für die ich dir nie Danke sage!

Gott, danke, dass du mir Kinder geschenkt hast, damit ich alles aufschreiben kann, was sie mir angetan haben, und es ihnen als Beweis unter die Nase halten kann, wenn sie erwachsen sind. Danke, Herr, für *Team McGehee*!

Tricia Goyer
Mums' Night Out
Was soll schon schiefgehen?

Paperback, 14 x 21,5 cm, 256 S.
Nr. 395.627; ISBN 978-3-7751-5627-1

Manchmal wächst Mama das Chaos über den Kopf, auch Allyson. Zeit für einen Abend mit Freundinnen. Und was sollte auch schiefgehen? Nun, alles! Der Roman zum witzigsten christlichen Film des Jahres!

Melody Carlson
Grace Unplugged
Sie lebt den Traum und findet ein Zuhause

Paperback, 13,5 x 20,5 cm, 252 S.
Nr. 395.571; ISBN 978-3-7751-5571-7

Grace ist 18 und hat das Zeug zum Rockstar. Doch sie muss mit Familie und Freunden brechen, um ihre Karriere zu starten. Doch ist die Glitzerwelt wirklich die Erfüllung ihres Traums? Das Buch zum gleichnamigen Film.

Bitte fragen Sie in Ihrer Buchhandlung nach diesen Büchern!
Oder schreiben Sie an: SCM Verlag, D-71087 Holzgerlingen;
E-Mail: info@scm-verlag.de; Internet: www.scmedien.de